勉強できる子は○○がすごい

榎本博明

日経プレミアシリーズ

プロローグ

自分で学んでいく力がある子、それが乏しい子

めまぐるしい技術革新により、ますます先の読めない時代になってきた。子をもつ親にとって気になるのは、わが子が大人になる頃にはどんな社会になっているのかということだろう。だが、人工知能の発達によって私たちの日常生活にも働き方にも大きな変化が生じつつあり、10年先、20年先を予測するのはほとんど不可能だ。

そこで、どんな時代になってもうまく適応していけるように、せめてわが子には学力を身につけさせてあげたい。そんな思いから早期教育を受けさせようとする親も少なくない。

だが、安易に早期教育を受けさせるのは危険だ。早いうちに何を身につけさせるのがよいのか。そこを慎重に判断する必要がある。

学力を身につけさせるのはよいが、その場合の学力とは何かということについて、きちんと整理しておくことが大切だ。

学力というと学校の成績をイメージする人が多いと思うが、成績の背後で働き、それを生涯にわたって大きく左右するのが学ぶ力だ。成績が学んだ成果の指標だとすれば、学ぶ力はもっと潜在的なもので、いわば成果を生み出す元になる力である。

わが子の成績にこだわり、「もっと勉強しなさい」と駆り立てる親をよく見かけるが、学ぶ力が身についていなければ、いくら机に向かって勉強したところで、ほとんど身にならない。一時的に成績が上がることはあっても、長続きしない。

では、どうしたらよいのか。学ぶ力をつけるのだ。学ぶ力を高めることで、成果としての成績も自然に上がっていく。学ぶ力が育っていけば、社会に出てからどんな仕事をすることになっても、必要なことを効果的に学んでいける。

学ぶ力の重要な要素として「メタ認知」がある。

知能は遺伝によって規定されているところが大きいが、メタ認知能力はトレーニングによっていくらでも高められる。それは、心理学の研究により実証されている。

ポイントは振り返る力

では、メタ認知とは何なのか。メタ認知とは、認知についての認知のことである。ここで定義をもち出しても、ちょっとわかりにくいと思うので、詳しいことは本文の中でじっくり説明するとして、ここではさらっと触れる程度にしたい。

たとえば、教科書や参考書を読むのは認知の働きだが、自分がちゃんと理解しているかどうかを振り返るのがメタ認知である。

文章を読んで読解するのは認知の働きだが、どのような読み方をすれば理解しやすいかと考えるのがメタ認知になる。

大事なことを記憶するのも認知の働きだが、しっかり頭に入っているかどうか振り返ったり、どのようにすれば覚えやすいかを考えたりするのがメタ認知である。

いわば、さまざまな認知活動についての認知がメタ認知ということになる。

メタ認知についての具体的なイメージをつかんでもらうために、子どもの学習活動におけるメタ認知のことはひとまず棚上げして、身の周りの人たちのメタ認知について思いを巡らせていただきたい。

たとえば、つぎのような人はいないだろうか。

人がほめられたり、何かでうまくいったりすると、嫌みなことを平気で口にする。あるいは、場の雰囲気を壊すようなことを言いながら、気まずさを感じている様子がまったくない。

いずれの場合も、自分の言動に対する周囲の反応をモニターする心の習慣があれば、けっして取れない態度だが、モニターすることがないため、見苦しい態度を見せたり、無神経な言動を繰り返したりする。

仕事でミスをしたとき、「もう嫌だ！」と嘆くだけで、原因を考えようとしない。あるいは、上司や先輩からミスを指摘され、再発防止のためのアドバイスをされると、ムッとした感じになり、「それって説教ですか？」などと捨て台詞を吐く。

自分の現状を振り返る力があれば、そんな姿勢は取らずに、自分の至らなさに気づき、そこの改善を目指すはずだが、振り返ることがないためただ不快に思うだけで、いつまでも改善されず、似たようなミスを繰り返す。

正当な注意や叱責さえもパワハラと感じるようで、「パワハラを受けた」と周囲に触れ回り、ときにハラスメントを扱う部署に相談に駆け込む。

客の正当な要求やクレームに対して、いちゃもんをつけられたと感じ、敵対的な態度を取るため、しょっちゅうトラブルになる。

この場合も、自分の置かれた状況を冷静に振り返ることがないため、自分の感受性が歪んでいることに気づけない。そのため何かにつけて被害者意識をもつばかりで、一向に改善されない。

このようにメタ認知ができないために残念な姿をさらしている人物が周囲にいるのではないだろうか。この他にも、さまざまなタイプのメタ認知の欠如がみられるはずだ。よくありがちな事例をあげてみよう。

明らかにモチベーションが低くだらだらした感じなため、周りの人たちはもっとちゃんと仕事をしてほしいと思っているのに、ちゃんと仕事をしているつもりでいる。

商品知識について明らかに勉強不足なせいで、仕事で成果を出せずにいるのに、まったくそのことに気づかない。

日によって担当者が変わるため、引き継ぎ事項を連絡メモに残すのは必須なのに、しょっちゅう忘れ、注意すると「そうですね、忘れてました」とサラッとした受け答えをするだけで、相変わらず忘れてばかりなので、周囲の人たちを苛立たせる。

電卓を打ち間違えて、あり得ない数字が出ても、それをおかしいと思わずに、平然とその数字を報告する。

仕事が雑で、そのままにするわけにはいかないので、みんながこっそり直しているのに、そんな周囲の苦労に気づかず、ケロッとしている。

人に対して無神経で、すぐに攻撃的な言い方をするため、周囲から煙たがられているのに、そのことに気づかない。

他の人と意見が違うと、「なぜわからないんだ！」と苛つくばかりで、相手の側も「なぜわからないんだろう」と思っていることに想像力が働かない。そのため、自分の思うことを主張するばかりで、相手の言い分を理解しようという姿勢が見られない。

お客に対して感じの悪い態度を取っているため客がムッとした感じになることに気づかず、「なぜ私だけいつも感じの悪い客に当たるんだ。運が悪い」と嘆く。

口を開けば人に対する批判や愚痴などネガティブなことばかり言うため、周囲の人たちはみんなうんざりしているのに、そんなことにはお構いなしにネガティブなことばかり口にする。

上司がいるときといないときで態度がまるで違い、周囲からは見苦しいと呆れられているのに、本人は平気で上司におべっかを使い、調子の良いことばかり言っている。

周囲にこんなふうにメタ認知が働かない人がいるはずだ。メタ認知の欠如は、仕事への取り組み姿勢の問題につながっていき、なかなか思うような成果が出せないということになりがちだ。

子どもの勉強も同じで、メタ認知が欠けていると、勉強への取り組み姿勢に問題が生じ、いくら勉強してもなかなか成績が上がらないといったことになりがちである。

その場合、自分自身や自分の置かれた状況を振り返りつつ取り組み姿勢を調整するという心の習慣の欠如が問題であり、それがまさしく学ぶ力の欠如につながっている。

そこで、以下の各章を通して、メタ認知とはどのような心の働きを指すのか、メタ認知がどのように学習を促進するのか、さらにはメタ認知能力を高めるためにはどうしたらよいのか、といったことについて、具体的な事例に則して考えていくことにしたい。

目次

プロローグ　3

第1章　学ぶ力の鍵を握る「メタ認知」とは……17

成績の良い子と悪い子で何が違うのか
成績の悪い子はメタ認知的知識が乏しい
自分にとっての課題を把握する
自分の視点を相対化するメタ認知能力
読書もメタ認知能力の発達に役立つ
メタ認知の構成要素
自分を見つめる自分
メタ認知的知識の発達
メタ認知的モニタリングの発達
メタ認知的コントロールの発達

認知能力の向上にも非認知能力の向上にも役立つ

第2章　メタ認知が学習活動を促進する ……… 53

メタ認知の欠如が成績の低迷につながる
問題なのは「わかったつもり症候群」
「わかったつもり」を防ぐことが成績向上につながる
自分の癖に気づく
常に自分の理解度を意識しながら取り組む
改善すべき点を探すつもりでモニターする
自分の「知情意」の特徴についての自己認知
自分の得手・不得手の自己認知
勉強中の自分の認知状況について
学習活動の各プロセスでモニターすべきことがある
学習法についてのメタ認知的知識
計算問題ではどんな間違いをしやすいか

分数の計算で躓く子
文章題ではどんな間違いをしやすいか
メタ認知的モニタリングの分類
授業についていけないときの反応
成果につながる自己調整学習

第3章　認知能力を高める方法……101

メタ認知を働かせることで学習効果が高まる
自問自答しながら学ぶ
大事なところには線を引く
難しいところはゆっくりかつ繰り返し読む
文章を要約すると理解が深まる
ノートをまとめ直すことで成績が向上する
わかったつもりを防ぐ
自分でテストしてみると、弱点を克服できる

学習内容を人に説明することで理解が深まる
学習内容を文章にすることで理解が深まる
質問を作成すると理解が深まる
具体例を考えることで抽象的概念の理解が進む
これから何を学ぶのかを意識すると理解が進む
思考内容を図解することで整理できる
何でも丸暗記する傾向は理解の妨げになる
学習観が学びの深さや成績に関係する
維持リハーサルと精緻化リハーサル
その他の効果的な記憶法
誤答した場合の対処法
なぜ思うように成績が上がらないかを考える
考えてもわからないときの対処法を自覚しておく
学習姿勢を見直す

第4章　非認知能力を高める方法 …… 165
学力や成績に大きく影響する非認知能力
幼児期に自己コントロール力が高いほど、成人後の学歴や年収が高い
心の状態をモニターし、学習に適した状態にもっていく
やる気を低下させる要因、やる気を高める方法を知っておく
集中力を失わないように環境を整える
社会的促進効果を利用する
自己効力感でモチベーションを維持できる
目的をはっきり意識させればモチベーションが持続する
結果としてうまくいかなかったときの対処法
根気強く取り組むべく、習慣形成の効果を利用する

第5章　能力向上のための心の習慣 …… 205
自己モニタリングの習慣

自分の行動や思いの意味を考える
日記をつける習慣
失敗を糧にする心の習慣
読書する習慣
重要なところに線を引いたり囲みをつけたりしながら読む
著者が何を言いたいのかを考えながら読む
共感点や疑問点を意識しながら読む
理解が難しい場合は具体例で考える
問題を解きながら自問自答する
わかりにくいときは図解してみる
問題文を自分の言葉で言い換える
検算など見直しをする

おわりに　225

第　1　章

学ぶ力の鍵を握る「メタ認知」とは

成績の良い子と悪い子で何が違うのか

メタ認知とは、自分の認知について客観的に俯瞰し、現状を評価し、さらには必要に応じて修正するなど、認知活動をモニターしたりコントロールしたりすることを指す。

もっと具体的に説明しないとわかりにくいと思うので、成績が良い子と悪い子に典型的にみられがちな違いをみていくことにしたい。そこにメタ認知が深く関係している。

たとえば、授業中によくわからないところがあるとき、成績の良い子は、手をあげて質問したり、授業が終わった後でよくできる友だちに確認したり、職員室に先生に質問に行ったりする。

つまり、絶えず自分の現状を振り返り、ちゃんと授業についていけているかをチェックしている。その結果、このままではまずいと思えば、改善するための行動を取る。だから成績が良くなっていくわけである。

一方、成績の悪い子の場合は、授業中よくわからなくても、自分が授業についていけているかどうかをあまり振り返らない。どこがわからないのか、どんなふうにわからないのかをはっきりつかもうという姿勢がない。成績の悪い子にもいろんなタイプがあるが、そのような子が目立つ。

当然授業中に質問もしないし、授業の後で質問に行くこともない。よくわからないまま日々の授業が過ぎていくため、成績が良くならない。

また、成績の良い子は認知反応が優勢で、成績の悪い子は感情反応が優勢といった特徴がある。

たとえば、テストで悪い点を取ったときなど、成績の悪い子は、思い出すと嫌な気分になるため振り返らないようにする。

そして、遊びに出かけたり、家でゲームをしたり、テレビを見たりといった気晴らしによって気を紛らそうとする。当然、わからないところはそのまま放置状態となる。

それに対して、成績の良い子は、感情よりも認知で反応する。テストで悪い点を取ったときには、テストの答案を見直しながら、間違っているところをチェックし、どこがわかっていないのかをはっきりさせるために、教科書やノートを引っ張り出して関連する箇所を確認したり、授業中のことを思い出そうとしたりする。

そして、どうすればわかるようになるか、どうしたらテストで良い点を取れるようになるかを考えて対策を取る。

さらに、意味やプロセスを重視するか、丸暗記や結果を重視するかといった学習姿勢の違いもある。

成績の良い子は、わかりたいという思いが強く、授業中の先生の話にしても、板書事項にしても、教科書に書いてあることにしても、ちゃんと理解したい、わかるようになりたいと思い、一所懸命に考える。わからないとスッキリしない。

一方、成績の悪い子は、ちゃんと理解したいという思いはそこまで強くなく、大事な点やテストに出ることを丸暗記しようとする傾向が強い。覚えればよい、テストができればよいといった感じになりがちなため、理解が深まらない。

宿題になったところがよく理解できていない箇所だったりすると、そのまま家に持ち帰っても宿題はできない。たとえば、問題を解いてくるようにという宿題が出たとして、解き方がよくわからないとき、よくできる友だちや先生に教えてもらう必要があるのだが、その姿勢に違いが出る。

成績の良い子は、しっかり理解し、自分で解けるようになりたいといった姿勢で教えてもらうため、わからないところは納得がいくまで徹底的に確認して、何とかしてわかろうとする。そうした姿勢によって理解が深まる。

それに対して、成績の悪い子は、宿題ができればいい、早く終わりにしたいといった姿勢で教えてもらうため、教えてもらった通りに書き写すだけで、頭でわかろうとする意識が弱い。そのため、宿題はその場で何とか片づくものの、実際にはその内容を理解できていないことが多い。

成績の悪い子はメタ認知的知識が乏しい

このように、成績の良い子はメタ認知を十分に働かせているのに対して、成績の悪い子はメタ認知をあまり働かせていない。

それに加えて、概して成績の悪い子は、メタ認知的知識が乏しい。メタ認知的知識とは何かということについては、もう少し後で説明するが、ここでは導入として、学校の勉強に関係するメタ認知的知識の枠組みをいくつか並べてみよう。具体的なメタ認知的知識については、後ほど例示しながら解説していくことにしたい。

①どのような読み方をすれば理解が進むか

読み方に関するメタ認知的知識が欠けている場合、読み方が悪いために苦戦している自分の読み方を改善することができない。

②どのように覚えれば記憶が定着しやすいか

記憶の仕方に関するメタ認知的知識が欠けている場合、覚えようとしてもなかなか覚えられない。自分の覚え方を改善することができない。

③どのようにすれば頭の中の考えを整理することができるか

思考の整理の仕方に関するメタ認知的知識が欠けている場合、頭の中に渦巻く考えがごちゃごちゃに絡み合い、うまく整理することができない。

④どのような点に注意すればうっかりした誤答を防げるか

不注意なミスを防ぐためのメタ認知的知識が欠けている場合、ほんとうはわかっているのにうっかりしたミスをすることになりがちで、点数を無駄にしてしまう。

⑤どのようにすれば重要な概念の理解が深まるか

抽象的な概念の理解のコツに関するメタ認知的知識が欠けている場合、説明を聞いてわかったつもりになっても、テストに出題されると、じつはよくわかっていなかったということになりやすい。

⑥ながら学習をしても大丈夫なのか

ながら学習に関するメタ認知的知識が欠けている場合、平気でながら学習をしており、机に向かう時間が長い割には成果が出せていない。

ここにあげたのは、学習方法に関するメタ認知的知識のごく一部である。詳しいことは後で説明するが、適切なメタ認知的知識があれば、勉強はスムーズに進む。
ところが、成績の悪い子は、このようなメタ認知的知識を知らないために、あるいは聞いたことがあっても勉強するときに意識していないために、効果的に学ぶことができない。

右にあげた例で言えば、①に関しては、自分自身の理解度を確認しながら読むとよいということを知らないのか、理解度を確認することなく、ただ漫然と読んでいる。また、わかりにくい箇所、難しいところはしつこく繰り返して読むとよいということを知らないのか、「何だかよくわからないなあ」と思いながらサラッと通り過ぎていき、そこに戻って読み返すということもない。

②に関しては、意味を考えながら覚えようとすると記憶に残りやすいということや、具体的なイメージを膨らますと記憶に残りやすいということを知らないのか、何でもただ丸暗記しようとする。テストの直前なら多少はうまくいくこともあるかもしれないが、丸暗記では長期にわたって記憶を維持するのは難しい。

③に関しては、頭の中に思い浮かぶ考えを図解するとわかりやすく整理できるということを知らないのか、図解せずに、頭の中だけで考えをまとめようとする。ビジネス上のプレゼンテーションでは、パワーポイントで図解を示すことが多いが、それは図解すると思考の流れがよくわかるからだ。

④に関しては、宿題にしろテストにしろ、問題を解いた後は検算をすればうっかりした誤答を防げるということを知らないのか、解きっぱなしで検算をしようとしない。検算をすることで不注意によるミスの多くを防ぐことができるのに、それを怠る。

⑤に関しては、抽象的な概念は日常生活にあてはめて具体例を考えると理解しやすいということを知らないのか、ただ説明を鵜呑みにして覚えようとするだけで、日常生活にあてはめて考えるということをしない。日常生活の具体例にあてはめて理解することで、心から納得でき、生きた知識になっていく。

⑥に関しては、ながら学習だと上の空になり、ほとんど頭に入らず、理解にも記憶にも支障が出るため、いくら勉強しても身にならないということを知らないのか、平気でながら学習をして、ちゃんと勉強したつもりになっている。

何らかの作業に取り組んでいるとき、テレビの音声が聞こえてきて気が散り、能率が落ちて困るといった経験をしたことがあるのではないだろうか。それはテレビの音声に反応する部分が心の中にあり、認知能力の一部がそれに費やされ、作業に振り向けるべき認知能力が十分でなくなるからである。ながら学習でも、似たようなことが起こっていると考えられる。

このようにみてくると、メタ認知的知識が欠けていると、学習面でさまざまな支障が生じがちだということがわかるだろうし、メタ認知的知識をもつことの大切さに気づくだろう。

自分にとっての課題を把握する

自分自身を振り返り、勉強にしろ、友だち関係にしろ、スポーツにしろ、順調にいっているか、何か問題がないかを評価するのも、重要なメタ認知と言える。

メタ認知が適切に働いていれば、自分の現状を正確に把握し、問題がある場合は必要に応じて改善のための対処行動を取ることができる。

成績が悪いのに、平気であっけらかんとしている子は、小さい頃は無邪気でかわいらしいなどとみられることもあるが、うまくいっていない自分と向き合うことがないため、何ら対処行動は取られず、どんどん遅れていくことになりがちだ。

友だちから煙たがられているのに、そうした雰囲気に気づかず、平然としている子も、友だちとうまくつきあえていない自分を振り返ることがないため、相変わらずマイペースで相手のことを配慮しない言動を繰り返したりして、仲間外れのような立ち位置になってしまったりする。

何かがうまくいっていなかったり、行き詰まりを感じたりして、思うようにいかないとき、そんな自分を振り返って、なぜうまくいかないのか、どこに問題があるのかの見当をつけることができれば、改善策を模索することもできる。

でも、振り返ることがないと、うまくいかずに嫌な気分になったり、投げやりになったりするばかりで、状況は改善されないどころか、さらに悪化してしまう可能性が高い。あるいは、うまくいっていないこと自体に気づいていなかったりする。

そこで大切なのは、自分をしっかり振り返り、自分の現状に問題があり、改善する必要があるということに気づくことだ。これもメタ認知の一種である。

行動改善の必要を感じたら、つぎにすべきは自分にとっての課題を把握することだ。思うようにいかない現状の問題点はどこにあるのかをはっきりさせないことには、改善策を考えることができない。

自分にとっての課題がはっきりすれば、行動改善のための具体策を模索し、現状の行き詰まりを打開するための一歩を踏み出すことができる。

このように、メタ認知がうまく働けば、自分の現状に問題があることに気づくことができ、何が自分にとって課題になっているかがわかり、そこを改善するための具体策を模索することができる。

それによって状況が好転していくことが期待できる。

自分の視点を相対化するメタ認知能力

自分を客観的に振り返るには、自分の視点を相対化する必要がある。つまり、自分の視点から抜け出し、自分自身を俯瞰する必要がある。そのためには、自分以外の視点に対する想像力が働かないといけない。

自分から見ればこのように見えているけれども、別の人にはまったく違うように見えているかもしれないということを理解することで、自分の視点を相対化することができる。

心理学者のピアジェは、幼いうちは自分の視点しか取れず、他人の視点から物事がどう見えるかに想像力を働かせることはできないとして、2歳～7歳の幼児期の心理的特徴として自己中心性をあげている。

大人になっても自分の視点を絶対化し、人と意見が合わないとき、相手の視点からはどう見えているのかを想像するということをせずに、「なぜわからないんだ！」といきり立つ人がいる。

そのような人は、自己中心性をいまだ脱却できずにいる、つまりこの種の認知に関しては幼児期の発達段階に留まっているということになる。

物事の見え方は人によって違う。価値観によって物事の見え方は違ってくる。人によって優先順位が違う。人によって何を重視するかが違い、こだわるところが異なる。そういったことがわからない。

ピアジェは、自己中心性を脱却できているかどうかを調べる手法として、三つ山問題という課題を開発した。それは、高さが違う三つの山が前後にずれて並んでいる模型を見せるものである。

たとえば、手前からみると、右手奥の山が一番高く、左手の山が中くらいの高さで、右手前の山が一番低い。この模型を手前から見るのでなく、右横から見たり、左横から見たり、向こう側から見たりしたら、それぞれ見え方は違ってくる。そんなのは当たり前ではないかと思うかもしれない。でも、まだ認知能力が十分に発達していない幼い子には、それがわからない。

新幹線に乗って車窓風景を眺めていると、たとえば富士山の見え方が徐々に変わっていくのがわかる。新幹線の動きに伴って自分の視点が変わるから、富士山の見え方が変わっていく。それが三つ山問題の原理である。

自己中心性を脱却できていない子どもは、見る場所によって見え方が違うということがわからない。手前から見た図、右横から見た図、向こう側から見た図、左横から見た図を用意し、右横から見ている友だちにはこの三つの山はどのように見えるかと尋ねると、自分が今見えている図と同じ手前から見た図を選ぶ。

つまり、自分以外の視点を想像することができない。自分の視点から抜け出すことができないのだ。まさに自己中心的な認知の段階に留まっているということになる。

このような課題によって、自分の視点を相対化するメタ認知ができるかどうかを判定することができる。概ね7歳くらいになると、自分以外の視点を想像できるようになることがわかっている。

こうした発達には個人差もあるし、2歳から7歳までずっと自己中心性から抜け出せないというわけではない。徐々に他人の視点を考慮し、自分の見え方と多少違う見え方を想像できるようになっていく。そうした自己中心性からの脱却という意味での認知能力の発達は、学力だけでなく共感性の発達をもたらし、友だち関係にも影響する。

たとえば、相手の気持ちに共感できるようになったり、相手の立場を想像できるようになったりすることで、相手の言葉や態度の意味がわかるようになる。自分の視点しかなかったときには平気で自分勝手なことをしていた子も、相手の立場を想像できるようになると、相手の言葉や態度の意味を理解し、相手を思いやった行動を取ることができるようになる。

このような認知能力の発達には、親など周囲の大人の働きかけが大きく作用する。子どもは、周囲の大人たちの話す言葉を真似るものだが、そこに他人の視点に想像力を働かせる共感的な言葉が頻繁に登場すれば、共感的な言葉を真似ると同時に、共感的な視点を取れるようになっていく。

その意味では、どのような親の言葉や視点をモデルに育つかということが非常に重要な意味をもつ。

読書もメタ認知能力の発達に役立つ

幼い子どもにとって、親というのは、ほぼ唯一の身近なモデルなわけだが、親といってもさまざまで、他人に対する共感性の豊かな親もいれば、自己中心性から十分に脱却できていない親もいる。

自分勝手でわがままな大人がいたり、自分の子どもばかりをかわいがって幼稚園や学校に理不尽なクレームをつける親がいたりすることからも、大人だからといって必ずしも幼児期特有の自己中心性から脱却できているわけではないことがわかるだろう。

そのような自己中心的な大人は、自分の視点からしかものを見ることができず、想像力を働かせて他者の視点に立ってみるということがないため、人の気持ちに共感することができないばかりでなく、自分の態度が人からどう思われるかということを想像することもできない。だから人とうまくやっていけず、人間関係のトラブルが絶えない。あるいは親しい相手ができない。

このように、親といえども自己中心性を脱却していない者もいるため、親をモデルとするだけでは自己中心性を脱却できないことも十分あり得る。

そこで威力を発揮するのが読書だ。読書によって自分や自分の親とはまったく異質の作者や登場人物の視点に触れ、「そんな目にあっている子もいるんだ」「子どもなのに、そんなふうに考えたりするんだ」「こんなこと、僕には思いつかないなあ」「ウチの親と全然違うなあ」「ああいう家で育ったら、僕はどんなふうになっていただろうか」「僕にはそんな勇気はないのに、すごいなあ」「こんな子が友だちだったらいいなあ」「世の中にはいろんな人がいるんだなあ」などと思いながら、自分以外の視点を取り込んでいくことができる。

読書を通して、作者や登場人物のありとあらゆる視点に触れることができる。それによって自分の視点を相対化することができる。

読み始めた頃は、「なんでそんな意地悪をするんだろう」「どうしてそんなふうにひねくれて考えるんだろう」「どうしてあんなふうにやさしくできるんだろう」「なんであんなふうに頑張れるんだろう」などと不思議に思い、理解できなかった登場人物の気持ちが、しだいにわかるようになってくる。

はじめのうちは作者の考え方に馴染めなくても、共感しながら読めるようになってくることがある。それは、読み進めていくうちに作者の視点を取ることができるようになってきたからだ。必ずしも同意するわけではなくても、たしかにそういう見方もできるなと思えてきたりする。

読書により多様な作者や登場人物の視点に触れ、それを自分の中に取り込んでいくことで、人の気持ちがわかるようになり、自分自身の偏りにも気づくことができるようになる。それと同時に、物事を多角的に検討し判断することができるようになっていく。

そのように自分の視点を相対化するメタ認知の発達は、自分の学びを振り返るという形で、学習活動の現状と課題を把握し、必要に応じて学び方を修正していく姿勢につながっていく。

読書をする子ほど成績が良いというのは多くの調査データで証明されていることだが、それには読書によって語彙力や読解力が高まるだけでなく、メタ認知が働くようになることも関係している。

メタ認知の構成要素

これまでメタ認知の具体例についてみてきたが、ここでメタ認知について、少し専門的な観点から整理しておきたい。

まずはメタ認知の構成要素についてだが、メタ認知的知識とメタ認知的活動に大別できる。

メタ認知的知識というのは、学習活動に関して言えば、本章の冒頭の成績の良い子と悪い子に典型的にみられがちな違いのところで例示したような知識のことである。具体的な内容まで繰り返すことはしないが、どうすれば勉強ができるようになるか、どうすれば授業についていけるようになるか、どうすればテストで良い点を取れるようになるか、というようなことに関する知識である。

メタ認知的活動というのは、学習活動に関して言えば、自分の現状を振り返って、勉強がうまくいっているかどうかをチェックし、うまくいっていないときには問題点を明らかにし、勉強の仕方を修正していくことを指す。

図表1　メタ認知の構成要素

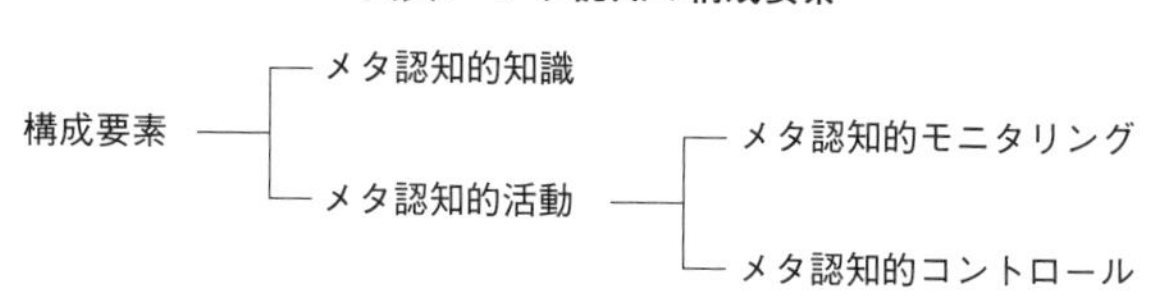

メタ認知的活動は、自分の学習活動の現状を評価し、うまくいっていない場合は問題点を明らかにするメタ認知的モニタリングと、それに基づいて学習活動がうまくいくように勉強のやり方を工夫したり修正したりしていくメタ認知的コントロールに分けることができる。

メタ認知的モニタリングというのは、いわば授業中の自分の様子や家で宿題をしている自分の様子をモニターに映し出すかのようにして観察したり、テストの結果を検討したりして、ちゃんと理解できているか、理解できていない点はどこか、適切な学習法を用いているか、などをチェックすることである。

一方、メタ認知的コントロールというのは、モニタリングの結果に基づいて、学習への取り組み姿勢や学習計画、学習法を修正するなど、より有効な学習活動ができるように工夫し立て直すことである。ただし、自身の学習への取り組み姿勢や学習法を適切にコントロールするには、メタ認知的知識をもっている必要がある。

メタ認知的知識を十分もち、メタ認知的モニタリングやメタ認知的コントロールがうまくできれば、学習活動が順調に進むため、成績は上がっていく。

それに対して、メタ認知的知識が乏しかったり、メタ認知的モニタリングやメタ認知的コントロールがうまくできなかったりすると、学習活動に支障が生じても適切に修正することができず、成績は低迷しがちとなる。

自分を見つめる自分

自己意識をもつのが人間の特徴だと言われる。心理学の草創期に、その後定番となる心理学の教科書を執筆したジェームズは、「見る自分」と「見られる自分」に分裂する自己の二重性として、自己意識をもつ私たちの心の機能を記述している。

「見る自分」と「見られる自分」に引き裂かれ、理想からかけ離れている情けない自分に自己嫌悪するというのは、思春期・青年期にありがちなことである。

無邪気に外の世界に関心を向けていた児童期に対して、思春期になると自己の内面に関心が向き、友だちと能力や性格が違う自分に引け目を感じたり、自己嫌悪に陥ったりするなど、強烈に自分を意識するようになる。

そのため自我の目覚めとか第2の誕生とか言われたりする。母親の胎内から生まれ出るのが第1の誕生とすると、自己意識をもって自覚的に生き始めるのが第2の誕生だという意味である。

自分を見つめる意識が強まりすぎて、自意識過剰になり、ぎこちなくなったりするのも思春期の特徴である。

自分をモニターするという意味でのメタ認知も、小学校中学年から高学年にかけて発達し始め、さらに中学生に向けて発達していくとされるが、小学校低学年児や幼稚園児でも未熟なりにも自分を見つめるということはある。

私自身、幼稚園から小学校低学年の頃、近所の遊び仲間に1歳年下の子がいて、よく遊んだのだが、あるとき彼がずるいことをするため注意して喧嘩になった。私はちょっとした技を習得しており、彼に技をかけてやんわり倒すのだが、倒されても倒されてもつかみかかってくる彼に呆れつつ、「こいつもあと1年たてば僕の言うことがわかるようになるんだろうな」と思ったものだった。

自分たちの姿や気持ちをモニターしながら、自分たちの年齢に1年の差があるからまだ未熟な彼はこっちの言うことがわからないんだなと思ったわけで、そこにはメタ認知が働いていたと言ってよいだろう。

では、いつ頃から自分を見つめるという形のメタ認知ができるようになるのだろうか。自分を振り返って、自分を認知できる、つまり「これは自分だ」と見分けられるという意味では、自己の鏡像認知の実験が参考になる。

ルイスとブルックスーガンは、乳幼児の鼻の頭にこっそり赤いしるしをつけてから鏡の前に立たせたときの反応を調べている。鏡に映った自分の姿を見て、手で鼻を触るのは、鏡像が自分の姿の反映だと理解している証拠とみなすことができる。

その結果、鏡に映った自己の鏡像を見て自分の鼻に手をもっていった子の比率は、9～12か月児では0％だったが、15～18か月児では25％、21～24か月児になると75％になった。ここから、2歳になる頃から自己の鏡像認知ができるようになるとみることができる。

1歳になる前の子は、鏡に映った姿が自分の写しだと思わないため、その鼻の頭に赤いしるしがついていても、自分の鼻を気にすることがない。でも、2歳くらいになると、鏡に映った姿を見て、その鼻の頭に赤いしるしがついていると、多くの子が自分の鼻を触る。それは、鏡に映る姿が自分の写しだと理解し始めていることを意味する。

自分の鏡像がわかるということは、自分は人からはこんなふうに見えるのだと理解することにつながる。こうした実験結果から、2歳頃に自分を見つめる自分の萌芽があるとみることができる。

こうして幼児期には徐々に自己概念が形成されていくが、周囲の子と比較して自分を評価するようになるのは、小学生になってからのようである。幼児、小学2年生、小学4年生を対象とした調査でも、自分の成績についての自己評価は、小学校低学年くらいまでは他の子どもの成績との比較という相対的基準はほとんど用いられず、小学校中学年くらいからそうした比較による自己評価が行われるようになることが示されている。

たとえば、「僕は鉄棒ができる」「私は泳げる」というような自己評価をしていた子が、小学校中学年くらいになると、「僕はみんなより上手に鉄棒ができる」「私は○○ちゃんより速く泳げる」というように、他者との比較に基づいた自己評価をするようになる。

小学校高学年にならないと、能力についての自己評価と教師による評価の間に有意な相関がみられない、つまり小学校高学年になるまでは教師による評価からかけ離れた自己評価をする傾向があることも示されている。

このように児童期後半くらいから他者との比較により自分の能力を評価するようになるようである。このことが自分の視点の相対化につながり、メタ認知の発達にも関係していると考えられる。

メタ認知的知識の発達

幼児はまだメタ認知的知識はほとんどもっていないが、児童期後半になるとさまざまなメタ認知的知識をもつようになるとされている。つまり、メタ認知的知識は、児童期後半に著しく発達するようである。

たとえば、未就学児や小学生に、何かを忘れることがあるかを尋ねると、小学生はほぼ全員が「ある」と答えるのに対して、未就学児の約3割が「ない」と答えるというデータがある。小学校に入学する前の幼児は、「人は忘れることがある」という知識をまだもっていないというわけだ。

4歳の幼児に何枚もの絵を見せ、何枚覚えられるかを尋ねるという実験も行われている。その結果、実際には3枚ほどしか覚えられないのに、過半数の子が全部覚えられると答えていた。これも、幼児が記憶容量や自分自身の記憶能力についてのメタ認知的知識をもたないことを示すものと言える。

幼児や小学生を対象に、逐語再生（聴いた内容をそのまますべて思い出す）と要旨再生（聴いた内容を自分の言葉に要約して思い出す）のどちらがやさしいかを尋ねるという実験も行われている。逐語再生より要旨再生の方がやさしいのは、大人には当たり前のことである。

ところが、幼児や小学1年生にはそれがわからない。「逐語再生の方が要旨再生より難しい」というメタ認知的知識をもたない。小学3年生や5年生になると、それがわかるようになるが、要旨再生の方がやさしいと答える比率は年齢が上がるに連れて高まっていく。

小学1年生、3年生、そして大学生を対象に、それぞれ記憶容量を上回る枚数の絵を覚えさせ、その後に再生テスト（思い出すテスト）を行い、その後でまた覚え直す再学習の時間を与えるという実験も行われている。

ポイントは、再学習の際に、テストで覚えていなかった絵を重点的に再学習しようとするかどうかだ。結果をみると、小学3年生や大学生はテストで覚えていなかった絵を選ぶ傾向がみられたが、小学1年生ではそうした区別が行われなかった。「覚えていないことがらを重点的に再学習すべきである」というメタ認知的知識をもっていないのだ。

このようにみてくると、実験や調査により多少の年齢のズレがあるにしても、メタ認知的知識の獲得は、小学校の中学年以降に急速に進展していくとみてよさそうである。

メタ認知的モニタリングの発達

幼児や小学校低学年の子は、同じ間違いを何度も繰り返すことが多いと言われるが、それは自分の学習活動を振り返って解き方を評価したり修正したりというメタ認知ができないからとみられる。

メタ認知的モニタリングの能力は、小学校中学年から中学校の年齢段階に伸びるとみなされている。

学習活動を有効に進めていくには、ちゃんと理解できているかなど、自分の学習状況をきちんとモニターする必要がある。それができるようになるのが小学校中学年以降、つまり10歳くらいからということになる。

マークマンは、小学1年生～3年生にゲームのやり方を説明する際に、肝心な部分を抜かした説明をして、そのことに気づくかどうかを確かめる実験を行っている。その結果は、3年生は肝心な部分の説明が抜けていることに気づき、やり方がよくわからなかったと言うのに対して、1年生はそれに気づかず、わかったつもりになっており、いざゲームを始めようとしたときにやり方がわからないことに気づく、という感じだった。

つまり、小学校低学年では、自分がちゃんと理解できていないということがわからない。理解についてのメタ認知的モニタリングがまだできないのである。

これを学習場面にあてはめれば、小学校低学年では、授業中の先生の説明を自分が理解できているかどうかがわからず、ただ聞いている、教科書や参考書を読むにも、自分が理解できているかどうかがわからず、ただ読んでいる、といった感じになっているというわけである。

小学校中学年以降になると、徐々にそれがわかるようになってくる。授業中の先生の説明を聴いていて、ここはよくわからないと気づくことができれば、注意深く聴いたり、先生に質問したりといった対処行動が取れるが、気づけなければ対処行動を取ることもないため、しだいに授業についていけなくなる。

算数の文章題を示し、自分に解けそうかどうかを判断させる実験でも、小学校低学年の子どもたちは、自分では解けない問題でも解けると答える傾向があることや、実際は間違っていても正しく解けたと評価する傾向があることがわかっている。

それが、小学校高学年になると、自分が正しく解けたかどうかを正確に評価できる子の比率は高まる。ただし、高学年でも十分正しい評価ができるわけではないこともデータで示されており、小学校高学年以降もメタ認知能力は発達を続けるようである。

このようなメタ認知的モニタリングの能力の発達には大きな個人差があるので、小学校低学年なのにメタ認知的モニタリングができる子もいれば、小学校高学年になるのにメタ認知的モニタリングがうまくできない子もいる。

小学校中学年以降になってもメタ認知的モニタリングができていない場合は、自分の理解状況をモニターしながら授業を聴いたり、自分の理解状況をモニターしながら教科書や参考書を読んだりすることを教えていく必要があるだろう。

理解のメタ認知的モニタリングの姿勢が身についていけば、授業の理解度は高まり、成績も向上していくことが期待できる。

メタ認知的コントロールの発達

学習活動を有効に進めていくには、適切なメタ認知的コントロールをする必要がある。

メタ認知的モニタリングができていれば、それをもとにメタ認知的コントロールをすることになるが、それは幼いうちから自然にできるわけではない。

メタ認知的コントロールは、メタ認知的モニタリングと同じく、小学校の中学年くらいからできるようになるとみられている。

デュフレネスとコバシガワは、小学生に一連の言葉を覚えさせるという実験を行っている。

いくつかの言葉を覚える際には、ただ闇雲に覚えようとするのではなく、ある種の戦略を用いるものである。ひとつひとつ読んで頭に刻もうとするわけだが、その都度覚えられたかどうかをモニターし、頭に入りにくい言葉は繰り返し読んで覚えようとする。

つまり、メタ認知的コントロールが自然にできている大人からすれば、覚えにくい言葉に多くの時間をかけるのがふつうである。

実験の結果をみると、10歳児や12歳児は覚えにくい言葉に多くの時間をかけたのに対して、6歳児は覚えやすい言葉にも覚えにくい言葉にも同じくらいの時間をかけていた。このように、6歳児には覚えにくさによって時間配分を変えるといった戦略がみられなかった。

つまり、6歳児はメタ認知的コントロールができない。「覚えにくいことがらの学習に多くの時間を配分すべきである」というメタ認知的知識をもっていないか、あるいはそうした知識を実践に活かす習慣が身についていないのである。

心理学者の岡田涼は、小学3年生と4年生をそれぞれ小学5年生と6年生になるまで3年間追跡調査をしているが、メタ認知的コントロール力は学年とともに上昇していくことを見出している。その調査では、勉強しているときは内容がわかっているかどうかを確かめながら勉強する、勉強するときは最初に計画を立ててから始める、勉強しているときにやった内容を覚えているかどうかを確かめる、勉強でわからないときはやる順番を変える、などといったメタ認知的なことを心がけているかどうかを確かめている。

厳密に言えば、そこにはメタ認知的コントロールだけでなくメタ認知的モニタリングも含まれているが、たとえばどこがわからないのかをモニタリングできなければ、わからないところを重点的に学習するというメタ認知的コントロールができない。その意味では、メタ認知的モニタリングとメタ認知的コントロールを切り離して調べるのは難しいし、両者は絡み合って発達していくのだろう。

このような諸研究の結果により、小学校低学年ではまだメタ認知的コントロールができないことがわかると同時に、難しい課題により多くの時間をかけるという形の学習時間の有効な配分が、小学校中学年以降に徐々にできるようになっていくことがわかる。メタ認知的コントロールを行う能力が、小学校中学年から高学年にかけてどんどん発達していくようである。

小学校の６年生にもなると、メタ認知的モニタリングの結果に基づくメタ認知的コントロールを積極的に行うようになる。たとえば、わかりにくい箇所は読み直したり、重要と思われる箇所は要点をまとめたり、難しいところを読む際には速度を落としたりといった工夫をする。

そのようなメタ認知的コントロールをする能力にも大きな個人差があり、それができる子ほど成績が良いという結果も得られている。

認知能力の向上にも非認知能力の向上にも役立つ

メタ認知的モニタリングとメタ認知的コントロールがどのような心の機能を指すかは、だいたいわかっていただけたと思う。

このようなメタ認知機能を働かせて、自分の学習状況をモニターし、それに基づき必要に応じて学習の仕方をコントロールすることで認知能力が高まり、より効果的な学習活動を遂行することができるようになる。

メタ認知は、認知能力の向上をもたらすだけではない。自分の学習状況をモニターすることにより、学習方法の問題点に気づくことができるだけでなく、集中力の欠如、忍耐力の欠如、モチベーションの欠如といった非認知能力の問題点に気づくこともできる。

そこを意識して改善する方向にコントロールすることで非認知能力が高まり、より効果的な学習活動を遂行することができるようになる。

メタ認知による認知能力の向上および非認知能力の向上については、それぞれ第3章および第4章で具体的に解説していくことにしたい。

つぎの章では、メタ認知が学習活動をどのように促進するのかについて、もう少し詳しくみていくことにしたい。

第 2 章

メタ認知が
学習活動を促進する

メタ認知の欠如が成績の低迷につながる

ダニング＝クルーガー効果という言葉を聞いたことがある人もいるのではないか。これは、能力の低い人ほど自分の能力を過大評価する傾向を指すもので、能力の低い人は自分の能力の低さに気づく能力も低いと言い換えられたりもする。

まずは、そのダニング＝クルーガー効果について説明しよう。心理学者のダニングとクルーガーは、いくつかの能力を測定するテストを実施し、同時に本人にそれぞれの能力について自己評価してもらった。

そして、実際に行ったテストの成績をもとに、最上位グループ、中の上グループ、中の下グループ、底辺グループに分け、それぞれの実際の成績と自己評価のズレを調べている。その結果、非常に興味深いことが明らかになったのだ。

たとえば、ユーモアの感覚についてみると、底辺グループの実際の得点は平均と比べて著しく低いにもかかわらず、本人たちは平均より上の成績を取れていると自己評価していた。底辺グループの平均点は下から12％に位置づけられるほどの、非常に悪い成績だった。平均を著しく下回っており、ユーモアの感覚はきわめて乏しいと言わざるを得ない。ところが、底辺グループの自己評価の平均は下から58％となり、自分は平均より上だと思い込んでいたのである。つまり、自分の成績をかなり過大評価していた。

それに対して、最上位グループにはそうした過大評価はみられず、むしろ実際よりやや低めに見積もる傾向がみられた。

論理的推論の能力など、その他の能力に関しても、まったく同じような傾向がみられ、底辺グループは自分の能力を著しく過大評価していた。大雑把に言えば、自分の成績は下から1割のところに位置づけられ、9割の人が自分より成績が良いにもかかわらず、自分の成績は平均より上だと信じていたのである。

こうした実験結果をもとに、ダニングとクルーガーは、能力の低い人ほど自分の能力を著しく過大評価する傾向があると結論づけた。さらには、能力の低い人は、ただ何かをする能力が低いというだけでなく、自分の能力の低さに気づく能力も低いとした。

このような実験結果は、メタ認知の観点からは、成績の悪い人はメタ認知ができていないため、自分の能力の現状をモニターできず、問題点があることに気づけないため修正することができず、成績が低迷したままになってしまう、というように再解釈することができる。

つまり、「能力が低いから、自分の実力のなさに気づく能力も低い」というよりも、「メタ認知ができていないから、自分の現状がわからず、改善のための行動を取ることができない」と再解釈してよいだろう。

このように、メタ認知の欠如こそが、仕事のできない人物ほど自分の危機的状況を自覚せず、お荷物社員から脱することができないことの理由とみなすことができる。

いくら注意しても仕事のやり方が改善されず、相変わらず雑な仕事をして困る人物、あるいは似たようなミスを繰り返す人物がいて、なぜ改善しようと思わないのかと不思議に思うことがあるのではないか。

そのような人物の場合、メタ認知をする心の習慣がなく、自分の状況を深刻に受け止めることがないため、注意されても軽く受け流してしまい、本気で改善する気にならないのだ。

周囲のだれが見ても力不足で、まさか立候補するとは思っていなかったのに、実績のある先輩たちを差し置いて、新たなプロジェクトの立ち上げメンバーに立候補する人物がいるが、そのような人物はメタ認知が十分に機能していないため、自分が実力不足だということに気づけないのだろう。さらには、選に漏れると、「なんで自分みたいにモチベーションの高い人間を落とすのか、信じられない」などと言って、周囲の人たちを呆れさせることさえある。

これは、何も大人に限った話ではない。メタ認知の欠如が成績の低迷につながるというのは、子どもの学習活動にもそのままあてはまる。

問題なのは「わかったつもり症候群」

児童・生徒や学生の学習活動に関するメタ認知の研究としては、本人自身の理解度判断と実際のテストの成績のズレについての研究が盛んに行われてきた。いわば、本人の予想と実際の成績のズレ、つまりバイアスについての研究だ。

そうした研究によってわかったのは、実際に成績の良い人物はバイアスが小さく、成績の悪い人物は自分の理解度や成績を過大評価するという形のバイアスが大きいということである。

たとえば、ハッカーたちが大学生を対象に行った実験では、テスト成績をもとに5つのグループに分けて、本人のテスト成績の予想と実際のテスト成績とのズレを確かめている。

その結果をみると、テスト成績の最も悪かったグループだけが実際より高い得点を予想しており、他の4つのグループは、ほぼ実際の得点に近い成績を予想していた。

より詳しくみていくと、成績が最も優秀なグループは平均して83％の成績を予想し、実際に平均して86％の成績を取っていたが、成績が最も悪いグループは平均して76％の成績を予想しながら、実際には平均して45％の成績しか取れていなかった。このように、とくに成績の悪い学生たちが、自分の成績を著しく過大評価するという形のバイアスを示すことが確認されている。

その後のテストでも同じ手続きを取ったところ、成績の最も悪いグループのみが大きなバイアスを示し続けた。

この実験は、学期を通して続けられたが、成績の最も悪いグループは、15週繰り返された最後の回でも、実際のテスト成績よりかなり高い成績を予想するというバイアスの大きさを示していた。

このように、とくに成績の悪い人物が大きなバイアスを示すという傾向が一貫してみられるが、まさにこれこそが、私が「わかったつもり症候群」と名づけたものである。「わかったつもり症候群」というのは、自分の理解度を正確にモニターすることができないため、自分の現状の問題点に気づくことができず、そうした気づきの欠如が危機感の欠如を招き、その結果、何の改善策も取られず、成績の低迷が続くというものである。

成績低迷の大きな要因のひとつとして、このようにメタ認知の欠如により「わかったつもり」になっているということがあると言ってよいだろう。

「わかったつもり」を防ぐことが成績向上につながる

ダニングとクルーガーは、成績が悪いのにそうした自分の問題に気づけない人たちの理解力を鍛えれば、自己認知が進み、自分の能力の問題に気づけるのではないかと考えた。そして、能力の低い人物に自分の能力の現状を認識してもらうための介入実験を行っている。

その結果、読書を用いて認知能力を鍛えることで、自分の能力を過大評価する傾向が弱まることが証明された。

読書により読解力が高まることは多くの研究により実証されているが、それによって自己認知能力が高まり、「わかったつもり症候群」から脱することができるというわけである。

スマホなどの便利な娯楽手段の普及により読書離れが進み、読解力の低下が教育現場でも深刻視されているので、読書によって認知能力を高めるというのは非常に重要な視点と言える。

これは、読書により認知能力を高めることによって自分の現状にも気づかせようというものだが、もっと直接的にメタ認知のトレーニングをするという方法もあるだろう。

本書の冒頭で、知能が遺伝に大きく規定されているのに対して、メタ認知能力はトレーニングによっていくらでも向上させられることが実証されていると述べたが、「わかったつもり」を防ぐためにメタ認知的モニタリングの姿勢を植えつけるトレーニングを行うことができる。

たとえば、デルクロスとハリントンは、メタ認知的モニタリングの能力向上のためのトレーニングを行っている。そこでは、「問題を注意深く読んだか」「問題を解くための手がかりは見つかったか」など、問題そのものやその解法についてじっくり考えるように導く質問を行い、また何点くらい取れたかを尋ねた。

その結果、そのようなトレーニングを受けたグループは、受けなかったグループと比べて、成績が良くなっていることが示された。

つまり、このようなメタ認知的モニタリングを促すトレーニングによって、問題をめぐってじっくり考える姿勢が促され、同時に自分の理解度に関してもじっくり振り返る姿勢が促されたと解釈することができる。

ここから言えるのは、「わかったつもり」を防ぎ、成績の向上を目指すには、勉強しているときの姿勢や問題を解いているときの姿勢を振り返らせるような質問を行い、メタ認知的モニタリングを習慣づけるのが有効だということである。

自分の癖に気づく

メタ認知的モニタリングを常に機能させる姿勢が身につけば、日頃の自分の癖に気づくことができる。いわば、自分の様子を映すモニターカメラの映像を絶えずチェックしているような感じになる。それは、日頃の自分の好ましくない姿勢を修正していくきっかけになる。

たとえば、担任の先生はお気に入りの子たちにはよく声をかけているのに、自分にはあまり声をかけてくれないことから、「私は先生から嫌われている」とか「先生はあの子たちをひいきしている」というように思っているとする。

そうなると、「どうせ嫌われてるんだし」ということでモチベーションは上がらず、当然のことながら成績は悪化する。とくに感情的な子ほど、そのようなことになりやすい。

でも、きちんとモニタリングができれば、「私は先生の前では緊張しすぎて、張り詰めた雰囲気になるから、先生も声をかけにくいのかも」「あの子たちは、自分から先生に気安く話しかけるし、いつも笑顔で話すけど、私は先生と話すときはいつも真顔になっちゃうし、あの子たちみたいに先生に冗談を言うこともないから、きっと先生も取っつきにくいんだ」と考えることができる。

そうすると、自分が嫌われているわけではないと思うことができるため、前向きの気持ちになれるし、勉強に対するモチベーションも低下させないですむ。

テストの成績が思いのほか悪かったときも、「頭が悪いのかな」「僕は勉強に向いてないのかも」などと思えば、モチベーションは下がり、「どうせ勉強しても無駄だ」と開き直ってしまうため、成績の向上は期待できない。

でも、ちゃんとモニタリングができていれば、「成績の良い○○ちゃんは、遊んで帰っても、いつもきちんと宿題をやってくるけど、僕は遊んで帰ると疲れちゃって、まあいいかって思って、いつも宿題をやらずに寝てしまうからダメなんだ」「宿題やらなくちゃって思っても、ついテレビを見たり、ゲームをしたりしているうちに遅い時間になって、宿題を適当に片づけることになってしまってるなあ」などといった気づきが得られ、宿題をする時間をどう確保するかを考えるなどの対処行動を取ることもできる。

あるいは、「授業中、いつも隣の子としゃべってて、先生の話をしっかり聴いてないからいけないんだ」「授業中はおしゃべりしないようにしているけど、つい空想に耽って上の空になっちゃうから、授業の内容がわからなくなっちゃってる」などといった気づきが得られ、授業中の態度を改める方向に歩み出すことができる。

常に自分の理解度を意識しながら取り組む

成績の良い子は、授業中、先生の説明を聴いていてわからないところがあると、どうにも気になって仕方がなく、その場で質問したり、授業の後に先生に質問に行ったりする。あるいは、家に帰ってからノートや教科書を読み返しながら、何とか理解しようと努める。それでもわからないときのために、詳しい参考書をねだることもある。

それに対して、成績の悪い子は、授業もただ何となく聞いているだけで、わからないところがあったとしても質問したり後で調べながらじっくり考えたりということをしない。そもそも自分が理解できているかどうかが気にならない。テストで悪い点を取ったときに、はじめて自分が理解できていないことに気づいたりする。テストで悪い点を取っても、何も気にならない子もいる。

ここで、授業中の先生の説明を成績の良い子は「聴いて」いて、成績の悪い子は「聞いて」いるというように、漢字を使い分けていることに留意していただきたい。

「聴く」の「聴」は、講演を聴く、コンサートホールで音楽を聴く、聴診器を当てて心臓の音を聴くなど、注意を集中してきくときに用いられる。

一方、「聞く」の「聞」は、上の階の騒音が聞こえてきてイライラする、隣の席の人たちの話し声が聞こえてきてうるさい、野球の試合を中継しているテレビの音が聞こえるため宿題に集中できないなど、きくつもりはなくても自然にきこえてくる場合にも用いられる。

本来、授業中に先生の説明をきく際には、注意を集中して「聴く」姿勢が必要なのに、何となく「聞く」姿勢ですませていると、しだいに授業についていけなくなってしまう。

そこで大事なのは、授業を聴くこと、つまり意識を集中し、自分が理解できているかどうかをモニターしながら聴くことである。

メタ認知について研究しているチたちは、大学生を対象に、問題を解く際に、考えていることをすべて声に出しながら取り組んでもらうという実験を行っている。

その結果、テストの成績の良い学生は、自分自身の理解度についてのつぶやきが多いことを見出している。

ここから言えるのは、自分自身の理解度を絶えずモニターしながら勉強なりテスト問題なりに取り組むことが大切だということである。

子どもの場合、パズルとかで遊んでいるときも、ああでもないこうでもないと、自分の考えていることをつぶやきながら取り組んでいることが多い。まだ思考内容が完全に内言化されていない。

内言というのは、自分の内面で発せられる言葉で、いわゆる思考の道具としての言語である。

ゆえに、小さい子の場合は、勉強をしているときも、つぶやきを聴くことで、本人の理解の程度に見当をつけることができる。思考プロセスの問題点を知ることもできる。自分自身の理解度を意識しながら取り組んでいるかどうかもわかる。

その意味でも、子どものつぶやきに着目すべきだろう。

改善すべき点を探すつもりでモニターする

メタ認知的モニタリングのポイントは、自分自身の理解度をモニターすることだけではない。理解を妨げている要因は何かといった視点でモニターする必要もある。それができていないと、不適切な学習の仕方を取り続けることになり、成績の向上は望めない。

そんなことは当たり前ではないかと思うかもしれない。きちんとメタ認知的モニタリングができている大人からすれば、それは当然のことかもしれないが、そこまで思いが及ばない子も少なくない。

逆に言えば、成績の悪い子に働きかけて、そこに気づかせるだけでも、成績が向上していくことが十分にあり得る。

授業がよくわからないときやテストで悪い点を取ったとき、「わからない、もう嫌だ」「授業なんてつまらない」「勉強なんて嫌いだ」といった反応をする子がいる。だが、そんな姿勢では、ますます授業についていけなくなり、テストでも悪い点を取り続けることになり、「わからない」「嫌だ」「つまらない」「勉強なんて嫌い」といった思いがますます強まるばかりだ。

成績の悪い子は、自分の成績が悪いことはわかっても、なぜ成績が悪いのかをわかっていないことが多い。当然、どこを改善したらよいかもわからない。

そこで必要なのは、改善すべき点を探すつもりで自分の学習活動をモニターするメタ認知的な姿勢だ。

「どうしてわからないのか」「なぜできるようにならないのか」「どうしたらもっとわかるようになるか」「どうしたらもっとできるようになるか」といった視点で、自分自身の日頃の学習活動をモニターする心の習慣を身につけることだ。

それによって問題点が明確になり、改善策を考えることができる。

成績を良くするというと、学習内容面にばかり意識が向かい、取り組み姿勢の問題点が見逃されやすい。取り組み姿勢をモニターし、自分にとっての課題を評価することができれば、そこを改善することで理解度が高まり、成績が良くなっていくはずである。

自分の「知情意」の特徴についての自己認知

学習活動を効果的に進めていくには、自己認知という意味でのメタ認知が正確にできている必要がある。

もちろん、自己認知が完璧にできている子どもなどいないし、大人でもそんな人物はいないだろう。だれでも自己認知には歪みがあるものだ。でも、できるだけ正確に自分の学習状況を把握しておこうという姿勢は大切だ。

そこで、「知情意」に分けて自己認知について考えてみたい。

まず自分の知的側面についてだが、知識や教養面の特徴や頭の使い方の特徴についての自己認知がある。

たとえば、昆虫採集に行ったり、山に遊びに行ったり、釣りをしたりして、自然の生き物についての知識は友だちよりある方だから理科は得意だけれど、ニュースとかは見ないし社会の仕組みや社会問題はよくわからないから社会は苦手、という子がいる。

戦国武将の伝記を読んだのがきっかけで歴史が好きになって、よく歴史の本を読むから、歴史についての知識は結構あるけれど、計算とか図形問題には興味がなくて勉強しないから、算数は苦手という子もいる。

また、知識は結構ある方だけれど、ひらめきがなく発想が乏しいのが弱点になっているといった自己認知をもつ子もいれば、発想力はある方だけれど知識が乏しいのが弱点になっているといった自己認知をもつ子もいる。

情緒面については、自分の感情面の特徴についての自己認知が中心となる。

たとえば、すぐに緊張するタイプで、人前で発表するのが苦手で、授業中に先生から指名されると慌ててパニックになってしまい、わかっていてもちゃんと答えられないことがあるという子もいる。

テストになると緊張しすぎてしまい、普段はできることもできなくなって、実力を発揮できないことが多くて困るという子もいる。

また、好き嫌いが激しくて、先生に対してもそうで、好きな先生の科目はやる気になれるけれど、嫌いな先生の科目はやる気になれないといった自己認知をもつ子もいる。

ちょっとしたことで落ち込みやすくて、授業中にわからないことが出てくると、気分が落ち込み、やる気をなくしてしまうという子もいる。

意志面については、自分の意志の強弱の特徴についての自己認知が中心となる。

たとえば、自分は意志が弱いから、毎日宿題をやるぞと心に誓っても、野球シーズンになると毎日のように野球中継を見てしまい、宿題ができないことが多いという子がいる。

同じく意志が弱くて、試験前はちゃんと準備勉強をする計画を立てるのだけれど、友だちから遊びに誘われたり、面白そうなテレビ番組があったり、新しいゲームが出たりすると、つい誘惑に負けてさぼってしまうという子もいる。

納得する目標ができるとかなり頑張れるのだけれど、はっきりした目標がないとだらだらしてしまうという子もいる。

このように自分の知情意の特徴についての自己認知があれば、自分の長所を活かし、短所をカバーする方向に、効果的な学習姿勢や学習方法、学習計画を工夫していくことができるのである。

自分の得手・不得手の自己認知

自分がどんなことが得意でどんなことが苦手かについての自己認知も、学習活動を効果的に進めていくには必要である。

これは、前項の自分の知情意の特徴についての自己認知と重なる部分もある。前項で例示したような、科目や分野の得意・不得意に関する自己認知や緊張しやすいといった感情面についての自己認知は、その強みを活かす工夫をしたり、弱点をカバーすることを意識して学習活動に取り組んだりする方向に活かしていくことができる。

たとえば、人前で発言するのが苦手で、人前で話そうとすると頭の中が真っ白になってまともにしゃべれなくなってしまうといった自己認知があるなら、きちんと予習をし、教科書の大事なところに線を引いておいたり、思いつく具体例を書き込んでおいたりといった準備をすることで、少しは気持ちに余裕ができるはずだ。

人と話すときは気をつかってしまい、自分の意見をはっきり言いにくいし、自分のペースでじっくり考えることができないから、グループ学習は苦手だという自己認知がある場合は、学校でグループ学習したところは放課後に図書室や家でちゃんと復習しておくことでカバーすることができるだろう。

計算問題が苦手で、すぐに早とちりして間違ってしまうことが多いといった自己認知があるなら、答を出した後で計算の手順を間違っていないかを確認するように心がけることで、うっかりしたミスを防ぐことができるだろう。

教科書をじっくり読んで考えれば理解できるのだけれど、先生の話を聴くだけで習った内容を理解するのが苦手だという自己認知をもつ場合は、余裕があれば予習として教科書をじっくり考えながら読んでおく手があるが、それが難しければ、授業中よくわからなかったところを教科書やノートに印をつけておき、後でじっくり考えるようにするといった方針を立てるというような対処ができる。

計算はわりと得意なのだけれど、文章題はどうも苦手だという自己認知があれば、とくに文章題を解く練習に注力するといった対処ができる。算数が苦手ということではないのだけれど、図形問題ができずに得点を稼げないことがあるという自己認知があれば、図形問題を解く練習を重点的に繰り返すといった対処ができる。

文章題の問題の意図を取り違えて間違えることがあるといった自己認知や、人の話をちゃんと理解できないことがあるといった自己認知がある場合は、読解力に弱点があると考えられるので、読書をするように心がけ、読解力を身につけるようにするというような対処行動を取ることができるだろう。

このように、自分の得手・不得手についての自己認知をもつことで、有効な学習活動を行うことができる。

勉強中の自分の認知状況について

家でちゃんと勉強をしているつもりでも、自分の認知状況が悪いため、あまり効果のないやり方を取っていることがある。そのことに気づいて修正できるかどうかで、学習活動の有効性が大いに違ってくる。

たとえば、宿題をさぼってきたため先生から親が呼ばれて、ちゃんと宿題をするようにさせてくださいと言われ、さぼらないように親がいる茶の間で宿題をするようになり、聞いているつもりはないのだけれど、テレビの音や家族の話し声が自然に耳に入ってきて、気がつくと同じところを何度も読んでいたりするという子もいる。

その場合は、テレビの音や家族の話し声によって集中力が阻害され、学習活動に専念できなくなるので、勉強しているつもりでも、あまり頭に入っていないことが多い。ゆえに、別の部屋で宿題をするなどの対策が必要となる。

机に向かって勉強しているとき、いつの間にか上の空になっており、教科書や参考書を読んでいても、ハッと気づくと何も頭に入ってなくて、十数行も前に戻って読み直すというのを繰り返すことが多いという子もいる。

そんな勉強の仕方ではほとんど頭に入らないので、ときどき休憩を入れて体操をして血のめぐりを良くしたりして、集中力の回復をはかる必要がある。

スマホが鳴ったり光ったりすると、友だちからメッセージが入ったのではと気になってしまい、無視できず、メッセージを読むと返事をしなければと思い、勉強していてもしょっちゅう集中力が途切れてしまい、なかなか勉強がはかどらないという子もいる。

そのような場合は、「勉強中はスマホの電源を切ることにしたから」などと友だちに言っておき、勉強中は電源を切り、目につかないところにしまっておくというような対策を取ることで、勉強に集中できるようにする、といった工夫があり得るだろう。

早く宿題を終えてゲームをしたいと思い、急いで宿題をやるため、どうしてもいい加減になってしまい、つぎの日に先生から叱られることが多いという子もいる。

そんなやり方では宿題をやる意味があまりないので、宿題が終わったらゲームをするというのではなく、何時から何時までは宿題を中心に勉強をして、何時になったらゲームをするというように、勉強する時間を決めることで落ち着いて宿題に取り組めるようになると期待できる。

テレビを見ながら宿題をする習慣があるのだけれど、ついテレビに集中してしまい、手が止まっていることが多く、宿題をするのにものすごく時間がかかって困るという子もいる。

その場合は、どうしても見たいテレビ番組を絞り、それを見るときはテレビに集中し、それ以外の時間はテレビを消して宿題をするというように、時間を区切ることで、どちらにも集中できるようになる。

このように、勉強しているときの自分の認知状況をモニターすることで、効果的な学習を進めることができる。

学習活動の各プロセスでモニターすべきことがある

メタ認知的モニタリングは、学習活動のあらゆる局面で威力を発揮する。

集中して先生の話を聴いているかどうか、ちゃんと理解しているかどうかといったモニタリングや、グループ学習時の自分の様子についてのモニタリングなど、授業中の自分の認知状況についてのメタ認知的モニタリングについてはすでに解説した。

また、前項では、家で宿題をしているときの自分の認知状況についてのメタ認知的モニタリングについて解説した。

その他にも、学習活動のあらゆる局面において、メタ認知的モニタリングが必要になってくる。

テスト中であれば、難しくてよくわからない問題は、まずは飛ばして、解ける問題をすべて解き終えてから、そこに戻ってじっくり考えれば、時間切れで解ける問題も解けずに終わるといった失敗を防げる。そのためには、簡単に解けそうかどうかをモニターしながら問題に取り組む必要がある。

テストの答案が返されたときなども、モニターすべきことがいろいろある。間違った箇所を見直しながら、あてはめる公式を間違えた、問題の意図を読み間違えた、ほんとうはできたはずなのにうっかりケアレスミスをしてしまったなど、今回の失敗をモニターできれば、つぎはそこを意識することで間違いを減らすことができる。

また、公式の使い方を教科書や参考書で徹底的に練習をしたり、問題集で文章題を解く練習をしたりすることで、同じような間違いをすることはなくなり、テストへの対応力が高まる。

予習や復習をする際も、理解度をモニターしながら取り組むことで、より効果的な予習や復習になっていく。

テストの準備勉強をする際も、準備勉強の進行状況をモニターしながら進めることで、遅れているときは急いだり、時間が足りないときには重要度が低いと思われる箇所を省いたりといった軌道修正ができ、準備勉強を滞りなく進めていくことができる。

ただ機械的に計画に従って準備勉強をしていたら、テストの直前になって、このままだと全範囲どころか半分もカバーできないことに気づいて焦ったという子もいるが、進行状況を絶えずモニターしながら進めることで、そのような失敗を未然に防ぐことができる。

計画や目標の妥当性をモニターすることも大切である。

とくにモチベーションの高い子の場合、教科書の他にあの参考書も読んであの問題集もやってというように、非常に欲張った計画を立てることがある。あまり無理な計画を立てると、すぐに遅れが出て混乱してしまうので、いつもの自分の様子をモニターし、無理のない計画を立てるようにしていく必要がある。

たとえば、やるべき教材を絞ったり、問題集の難易度を下げたり、勉強時間を実際にできる程度に減らしたりと、より現実的なものに計画を修正することも必要だろう。

反対に、あまりやる気のない子の場合は、容易にこなせる中途半端な計画で満足しがちなところがある。形の上だけ毎日20分準備勉強をするものの、教科書をパラパラめくるだけで大事なところを頭に入れようとしないというようなこともある。

そのような場合は、せめて理解度をモニターしながら教科書やノートを読むという目標を立てたり、重要なところは繰り返し読んで理解したり覚えたりするという目標を立てたりと、計画や目標の妥当性をチェックして修正する姿勢も大切である。

学習法についてのメタ認知的知識

第1章の冒頭で、成績の悪い子はメタ認知的知識が乏しいとして、いくつか代表的なメタ認知的知識の枠組みを示したが、学習法に関するメタ認知的知識というのは、第3章で詳しく紹介するような有効な学習法についての知識のことである。

ここで簡単に触れておくと、つぎのような知識が学習方法を工夫するのに役立つメタ認知的知識ということになる。

- 覚えられないことに絞って繰り返す
- ちゃんと理解できているかをモニターしながら読む
- 大事なところには線を引く
- 覚えるべき用語はマーカーで色をつけたり、囲ったりする
- 重要なところは理解度を意識しながらゆっくり読む

- 理解しにくい箇所は繰り返し読んだり、ゆっくり読んだりする
- わかりにくいところは図解してみる
- 頭の中の考えを整理するには箇条書きにしてみる
- 新たな概念や法則を習ったら、具体例を考えることで理解を深める
- 抽象的な概念は、実生活に関連づけて理解するようにする
- まとめノートを作成する方が良い成績が取れる
- 間違った問題は繰り返し解いてみる
- 解答は必ず見直す

このような学習法についてのメタ認知的知識を頭に刻んでおくことで、同じく勉強するにしても、より有効な学習にしていくことができる。

なお、たとえあまり知能が高くない場合でも、メタ認知的知識を十分にもっていれば問題解決能力が高いというように、メタ認知的知識には知能面のハンディを補う効用があることを示した研究もある。

それは非常に極端な言い方だが、メタ認知的知識を十分にもつことは、学力を高めるための有力な武器になると言えるだろう。

計算問題ではどんな間違いをしやすいか

算数で足し算・引き算を練習している時期には、引き算で躓く子が目立つ。

その場合、引く際の手続きが十分頭に入っていなかったり、勘違いしていたりすることがあるので、引き算の解答が出たら、足し算で検算することを教え、習慣化させるとよい。検算という言葉が難しければ、答と引く数を足して元の数になるかどうか確かめるという手順を教え込むことで、うっかりした間違いを防止できる。

また、そのように足し算で検算することは、足し算と引き算の原理をしっかり理解するのに役立つ。

小学校低学年では、メタ認知的モニタリングはまだできないので、答が合っているかどうかを自分でモニタリングするのは難しい。検算については、小学校高学年になれば多くの子が知っているにもかかわらず、実際に自分から使うことはほとんどないとされている。だからこそ、うまく教え、習慣化することが大切となる。

検算によるモニタリングの他にも、概算によるモニタリングを使う手もある。これは、大人なら無意識のうちに用いているはずである。だが、人によっては、頭の中でこれが機能していないことがある。

職場の若手に計算の直感力が働かず、レジ打ちをうっかり間違えたときも、そのことに気づかないことがあるから困る、というような愚痴を耳にすることがある。どういうことかというと、たとえば200円台の商品を7個買った客の精算時に、何かを打ち間違えて、合計金額が900円台になったとき、ふつうなら200×7で1400円になるので、「ちょっとおかしいな」と思うはずなのに、何の疑問もなく900円台で精算してしまうのだという。

おかしいなと思えば、打ち間違えがあったことに気づき、再度打ち直して正しい金額を出すことができるだろうが、おかしいと思わないのだから、そのまま進めてしまう。概算が機能しない。つまり、概算によるメタ認知的モニタリングの習慣が心の中に刻まれていないのだ。

私自身、似たような経験をすることがある。たとえば、学生たちを引率して合宿した際に、会計担当の学生が、学生一人当たり2泊分の宿泊料金を計算して、徴収を始めた。その金額を聞いて、私は「これはあり得ない」と思い、会計担当の学生に、「2泊したから、飲み物とかの追加料金を含めて1泊分の金額の2倍以上にならないとおかしいでしょ。これじゃ、2で割ると1泊分の料金より安くなっちゃうじゃないか」と注意を促したのだが、「でも、大丈夫です。電卓で計算したらそうなったので」と平然としている。

そこは放っとけないので、紙を取り出し、計算をしてみせて、もう一度電卓で計算してみるように促した。渋々計算し直した学生も、ようやく打ち間違えがあったことに気づき、納得顔になった。

概算には、大雑把ではあっても、暗算が必要なので、小学校の高学年くらいにならないと難しいかもしれないが、こういうメタ認知的モニタリングの方法があるということは覚えておいて損はないだろう。

分数の計算で躓く子

小学校高学年や中学生では、分数の計算で躓く子が結構いる。足し算や引き算で通分の仕方を間違えたり、割り算の場合は分数で割るということが概念的に理解できなかったりする。

その場合も、どういうことで間違えるのかをはっきりつかむとともに、通分の手順を繰り返し練習したり、分数で割るということを具体的なモノに例えて概念的に理解するように努めたりといった訓練が必要である。

そのまま放置していると、算数・数学の成績が低迷するだけでなく、大人になっても分数がわからないというようなことにもなりかねない。

もう20年ちょっと前のことになるが、１９９９年に刊行された経済学者西村和雄たちによる『分数ができない大学生——21世紀の日本が危ない』（東洋経済新報社）が話題となり、大学生の学力低下の問題の深刻さに世間の目が向けられることになった。西村たちによれば、小学校の算数の問題も解けない大学生が多いというのだ。

たとえば、１９９８年４月の19大学の新入生５０００人に対して、数学学力調査が実施された。問題の中には、小学校で学ぶような以下の５問があった。

① $7/8-4/5$
② $1/6+7/5$
③ $8/9-1/5-2/3$
④ $3\times\{5+(4-1)\times 2\}-5\times(6-4\div 2)$
⑤ $2\div 0.25$

これらの計算は、本来なら全員ができて当然の算数の問題である。当時よりさらに20年以上前に大学を卒業した算数嫌いの文系の人でも、全員が全問できていた。

ところが、この学力調査では、これらの問題ができない大学生の人数は相当な数にのぼった。5問すべて正解した学生は、文系国立大学Aで87%、私立大学Bの数学受験ありで88%、なしで78%、私立大学Cの数学受験ありで77%、なしでも77%、私立大学Kでは全体で59%となった。

実際、私も学生にやらせてみたら、小学校で習うはずの通分ができなかったり、（6－4÷2）では（6－4）より（4÷2）が優先されることを無視して「6から4を引いて2で割って1」としたりする者もいた。また、0・25は分数にすれば1／4だが、分数で割るという意味がわからないという者もいた。

このような学力調査結果により、分数ができない大学生が相当数いるということが明らかになったのだが、こうした傾向は今も変わらないだろう。筆記試験のいらない入試が、その後ますます積極的に導入されているため、むしろ悪化しているのではないだろうか。

より最近では、数学者芳沢光雄が『「%」が分からない大学生』（光文社新書）において、10年近く前から、さまざまな大学の教員たちから、「比と割合の問題で信じられない間違いをする学生がいて困る」というような声を聞くようになったとしている。芳沢自身も、学生から「『%』って何でしたっけ?」という質問を受けるようになったという。

大学生なのに小学校で習ったはずの分数や%がわからないというと、大学の現状を知らない人は信じられないかもしれないが、現場をよく知る者にとっては、格別驚くことでもない。中学を受験する小学6年生よりも算数や国語のできない大学生はかなりの比率になるのではないか。

アメリカでは、優秀な学生の集まるＵＣＬＡのような名門大学でさえ、高校以下の学習内容が身についていないため、補習を受ける学生も多いという。

日本では、受験勉強によって一定の学力が保証され、そのような事態を免れていたが、推薦入試やAO入試が増え、受験勉強を経験せずに大学生になる者が多くなったり、子どもの数の減少により受験競争が緩和されたりしたため、今ではよほど難関の大学でもない限り、中学・高校の数学の補習授業をするのは、理系では当たり前になっている。文系の場合は、わからないまま卒業していくことも珍しくないと思われる。

分数などわからなくても生きていけるではないかという人もいるかもしれないが、理解しようとすることで論理的思考能力が鍛えられるというところに算数・数学を学ぶ意味がある。

文章題ではどんな間違いをしやすいか

クレメントは、小学5・6年生が算数の文章題でどんな間違いをするかを分類している。その結果、問題文を理解しそこなったり、用いる式を誤ったり、計算を間違ったり、答の記入を間違ったりというように、問題解決の各プロセスで誤りが生じていることがわかった。

考えてみれば当然のことではあるが、あらゆる局面でメタ認知を働かせる必要があることがわかる。

また、低学年ほど問題文を十分理解できないことによる誤りが多いことも報告されている。算数といえども文章題では読解力が求められるので、まだ読解力が十分に身についていない段階では、文章題の意図を読み取り損ねるということが起こりやすいので、十分に注意を払って読まないといけないということを知っておく必要があるだろう。

文章題では、このように問題の意図を読み取り損ねたり、問題文の中にある情報のどれを使って解くかの取捨選択を誤ったりすることがよくある。

問題文の読解の誤りに関しては、問題文を注意深く読むと同時に、何を求めているのかに焦点を絞って読むことを心がける必要がある。その問題のテーマについての見当がつけば、何を求めているかを読み違える危険を減らせるだろう。

何を問われているかをあまり意識しないと、どこに注目すべきかわからず、文章題が苦手といったことにもなりかねない。何を問われているかを強く意識することで、着目すべき点を絞ることができる。

また、読解力不足で勘違いが多い、あるいは問題文の意図を汲み取るのが難しいと感じる場合は、日頃から読書を心がけることで読解力を鍛える必要もあるだろう。

問題文の中にある情報のうちのどれを使うかを間違えないように、注意深く読むことも大切である。

インターネットの時代になって、情報が多すぎて、どれを参照したらよいのかわからなくなるという人も少なくないだろう。検索するとあまりに多くの情報が出てくるため、参考になる情報とあまり関係のない情報、根拠のしっかりしている情報と根拠の怪しい情報を見分けるのに苦労するはずだ。

子どもの勉強でも、同じように情報の見分け方が重要なポイントとなることがある。それを象徴するのが、過剰情報問題への反応だ。

小学生は、文章題の問題文の中の情報のうち、必要なものと必要でないものを見分けるといったモニタリングがうまくできないようである。

心理学者の岡本真彦は、小学生を対象に長方形の面積を求める問題を用いた実験を行っている。その結果、2つの辺の長さが示されている場合、正答率は93%程度なのに、2つの辺の長さ以外によけいな情報まで与えられている場合は、同じ子どもたちでも、正答率が85％に低下したのである。

つまり、底辺と高さの情報しかなければ間違えないのに、他の情報が加わることで、計算式に入れる数値を間違えてしまうといったことが起こってくる。ゆえに、この種の問題を解くには、公式を知っているだけでなく、必要な情報を見極めることが求められる。

計算式に入れ込む情報の取捨選択を誤ることが多い場合は、自分が取っている方法を改めて意識しながら問題を解く練習をするのが効果的である。この方法でよいかどうかチェックしながら解く習慣が身につけば、うっかりした間違いを減らすことができる。

たとえば、平行四辺形の面積は底辺×高さを計算することで求められるということは知っていても、過剰情報があると、どの数値を計算式に入れるかの判断を誤ってしまうことがある。

平行四辺形の面積を求める問題であれば、「底辺×高さ＝面積」という公式に数値をあてはめながら、「これが底辺の長さ」「これが高さ」というように意識しながら数値を入れていくようにすれば、うっかり「縦の辺の長さ」の数値を入れるといった間違いがなくなるはずだ。

実際、小学6年生を対象に、問題を解きながら解法について考えていることを言葉で説明させるようにして、メタ認知が働くように促すと、児童の成績が上がる、というデータも示されている。

自分の解き方を説明するには、何となく解くわけにはいかず、はっきり意識せざるを得ない。問題を解く際に、その方法を説明させられるとなると、いつも自分が惰性で取っている方法を改めて意識し、その方法でよいかどうかをチェックしながら解くことになる。ゆえに、問題を解く際には、人に説明するように心の中で確認しながら解いていく、つまりメタ認知的モニタリングを働かせる姿勢を身につけることで、うっかりした誤りを減らしていくことができるだろう。

メタ認知的モニタリングの分類

先ほど、学習活動のあらゆるプロセスでモニターすべきことがあることを示したが、そうしたことを前提として、メタ認知的モニタリングを分類しようという試みもある。

進行モニタリングと反映モニタリングという分類がそのひとつだ。

進行モニタリングというのは、学習活動に取り組んでいる最中のモニタリングである。たとえば、授業中に先生の解説を聴いたり練習問題を解いたりしながら、自分の取り組み姿勢や理解の度合いをモニターするとか、テスト中に問題を解きながらこの方法で良いか、答は間違っていないかなどのチェックをするなど、現在進行中の学習活動のモニタリングである。

反映モニタリングというのは、学習活動に取り組んだ後で、自分の取り組み姿勢や課題のでき具合を振り返ったりする際のモニタリングである。たとえば、授業の後に、授業にちゃんとついていけているか、授業中の取り組み姿勢に問題はないかを振り返りながらチェックしたり、テストが終わってから自分のでき具合を振り返って、理解不足だった点を反省したり、テストの成績が出てから、結果を見ながらどんな問題ができていないか、できなかった場合はなぜできなかったのかに着目し、自分の弱点や克服すべきことがらをチェックしたりするなど、学習活動を振り返って行うモニタリングである。

ただし、授業中と授業の後、テスト中とテストの後だけでなく、授業の予習の際に難しそ

図表2　メタ認知的モニタリングの分類

進行モニタリング	学習活動に取り組んでいる最中のモニタリング
反映モニタリング	学習活動に取り組んだ後で、自分の取り組み姿勢や課題のでき具合を振り返ったりする際のモニタリング

（事前段階の）オフラインメタ認知的モニタリング	→準備勉強の計画を立てたりする段階でのモニタリング
（学習活動中の）オンラインメタ認知的モニタリング	→進行モニタリングのこと
（事後段階の）オフラインメタ認知的モニタリング	→反映モニタリングのこと

（岡本（2008）・三宮（2008）およびVeenmanたち（2006）をもとに作成）

うなところをチェックしたり、テスト前にどこが出そうかとか、どこが難しいとか、どこがまだ理解不足だとかをチェックしたりすることもあるだろう。それは、学習活動中のモニタリングでも学習活動後に振り返るモニタリングでもない。

そこで、学習活動中のオンラインメタ認知的モニタリングと、事前段階のオフラインメタ認知的モニタリング、事後段階のオフラインメタ認知的モニタリングに分けるという分類も行われている。

予習の際に、教科書の今度学ぶことになる章を読みながら、何が重要なポイントか、そこは理解できそうかをチェックしたり、テスト前に、こういう問題が出たらどの公式を使えばよいかを考えたり、テスト範囲の自分の理解度・習熟度を振り返りながら準備勉強の計画を立てたりするのが、事前段階のオフラインメタ認知の一種、つまりオフラインメタ認知的モニタリングである。

オンラインメタ認知的モニタリングと事後段階のオフラインメタ認知的モニタリングは、先ほどの進行モニタリングと反映モニタリングにそれぞれ相当する。

授業についていけないときの反応

授業でやっていることが理解できず、授業についていけない場合、つまらなくなってやる気をなくしたり、その教科、あるいは勉強そのものに対する興味をなくしたり、自分は勉強に向かないと諦めたりする子もいる。

その一方で、授業でやっていることがわからないといった状況を直視し、何とかわかるようになりたいと思い、必死になって打開策を考える子もいる。

たとえば、その教科の基礎知識や基礎学力が足りないと思えば、基礎からやり直す。あるいは、教科書の前の方の章に戻って要点を理解するための復習をしたり、授業中の理解度を増すために前もって教科書を読んでおくなどきちんと予習をしたりする。読解力や語彙力が足りないと思えば、読書する習慣をつけようとしたり、国語の参考書や問題集で読解の練習をしたりする。

その場合は、自分の学習状況をモニタリングし、自分の学習の仕方をコントロールするというように、メタ認知をフルに活用することになる。

勉強というのは積み重ねなので、授業についていけない状態が長く続いた場合、どうしても無力感に苛まれ、前者のようにやる気をなくし、諦めの姿勢を取ることになりやすい。

ゆえに、授業がわからなくなった時点で、後者のようにモニタリングとコントロールというメタ認知をフルに活用するようにしたいが、小学校の高学年にならないとメタ認知がうまく機能しにくい。そこで、周囲からメタ認知を促すような働きかけをする必要がある。

また、メタ認知ができるようになったとしても、必ずしもそれを活用するとは限らない。そこにはモチベーションが強く関係してくる。「できるようになりたい」「わかるようになりたい」という思いが強ければ、わからなくなったときはメタ認知を活用して、何とか理解できるように工夫するだろうが、モチベーションが低ければ、とくに対処行動は取られない。

その場合、第4章の非認知能力のところで取り上げるモチベーションを高める工夫が必要となる。

成果につながる自己調整学習

メタ認知を活用して、子どもが自ら効果的に学習活動を進める方法として、自己調整学習がある。

自己調整学習とは、自分の学習内容の習得具合をチェックしたり、学習の進行具合をチェックしたりして、それに応じて学習目標や学習計画を修正したり、学習方法を変更したり、学習環境や学習姿勢を修正するなど、学習過程を学習者自身が調整しながら主体的に学習を進めていくことを指す。

ジマーマンによれば、自己調整学習においては、学習者がメタ認知、動機づけ、行動制御という3つの過程に能動的に関与することで、効果的な学習になっていく。

ジマーマンはメタ認知を1つ目として独立させているが、2つ目以降もメタ認知と関係するので、すべてをメタ認知に絡めつつ、具体的にどういうことを心がけるべきなのかを示すことにしよう。

①メタ認知

自分自身の学習の進み具合や理解度をモニターし、目標通り順調に進んでいることを自己評価しながら、学習計画や学習方法を調整していく。つまり、自分の学習活動を絶えず点検し、より効果的な学習を進めていくために、必要に応じて修正すべき点をはっきりさせる。たとえば、計画から遅れていないかチェックしたり、練習問題をやってみてちゃんと解けるかどうかチェックしたりする。

②動機づけ

自己調整学習の重要な要素として、自己決定・自己強化がある。自分で決めた、自分で評価したという意識がモチベーションを高める。だれでも自分を動かすコントローラーは自分が握っていたいものである。人から言われて動かされるばかりでは、モチベーションは下がってしまう。

実際、自分でテストの答案を採点することがモチベーションを高め、学習活動を促進することが、心理学の実験で確かめられている。理解不足や進行の遅れ、学習方法や学習姿勢のまずさなども、人から指摘されるより、自分自身でチェックした方が、「これはまずい、何とかしなければ」といった思いになりやすい。

うまくいかない場合の原因を何に求めるかという原因帰属の癖もモチベーションを大きく左右するので、自分自身の原因帰属の癖をモニターし、必要な場合は修正すべきだろう。そうしたモチベーションの問題については、第4章で改めて取り上げることにしたい。

このように自分で自分のモチベーションを高める工夫をするのも、自己調整学習の重要な要素と言ってよいだろう。

③行動制御

メタ認知を活かしたモニタリングの結果に基づいて、より効果的な学習になるように、学習目標や学習計画、学習方法、学習姿勢、学習環境などを適切に修正していく。

たとえば、なかなか理解できないときは集中力をよりいっそう高めたり学習時間を増やしたりすることで習得を目指し、容易に理解できるときは学習時間を減らして先に進む、どうしてもわからないことがあれば放置せずに先生に相談に行く、覚えられない箇所や間違えた練習問題にしるしをつけ重点的に学習し直す、家では集中力が持続しないという場合は図書館を活用するなど、学習者自身が学習行動を制御していく。

成績の良い子は、自己調整学習ができているといった傾向がみられ、そうした傾向は小学生よりも中学生や高校生で顕著にみられるとされている。それには、メタ認知能力が小学校高学年にならないと高まらないことが関係していると考えられる。

人から言われて動かされるばかりだとやる気がなくなるということもあるが、メタ認知能力が未発達な小学校の中学年くらいまでは、本人の能動的な動きに任せるというのも難しいようだ。そこで、適切な働きかけが求められるのである。

第　3　章

認知能力を高める方法

メタ認知を働かせることで学習効果が高まる

メタ認知を働かせることで学習活動が促進されることがわかったと思うが、この章では、メタ認知がどのようにして学習活動をより有効なものにしていくか、つまり認知能力の向上にメタ認知がどのように貢献するかについて、具体的な学習方法を例示しながらみていくことにしたい。

そうしたイメージがつかみやすいように、まずはテスト前の準備勉強場面を想定して、メタ認知の働かせ方によって成果が違ってくることを実感していただきたい。

テスト前の準備勉強では、テスト範囲の学習内容をカバーする必要があるが、教科書でテスト範囲を読みながら、大事な箇所には線を引いたり、大事な用語はマーカーでしるしをつけたりしていく子もいれば、教科書を汚さないようにと思うのか、何も書き込まずにただ読んでいく子もいる。後で読み返すとき、前者のように重要なところにしるしがあれば、そこを重点的に読み返し、頭に入れることができる。

重要事項を消しゴムや指で隠して、頭に入っているかどうか自分でテストしながら読み進めていく子もいれば、ここは重要だと意識はするものの、とくに自分でテストすることなくただ読み進めていく子もいる。前者のように頭に入っているかどうかテストすることで、頭に入りにくい箇所を重点的に覚えたり理解しようと繰り返し読んだりすることができる。

教科書やノートを見ながらテスト範囲の要点を別のノートにまとめていく子もいれば、教科書やノートのテスト範囲のところを読むだけの子もいる。前者のように要点をまとめる作業をする方が、内容がしっかりと頭に入りやすいといった傾向がみられる。また、まとめようとすることで、自分がよく理解できていない箇所があることがわかったりする。

テストに出そうな問題を思い浮かべ、自問自答しながら準備勉強を進める子もいれば、大事なところをただ覚えようとする子もいる。あるいは、大事な点を自分が説明できるかどうか、独り言で試してみる子もいれば、ただ覚えようとする子もいる。前者のように自問自答したり自分で説明したりする方が、自分がうまく答えられない点、うまく説明できない点が明確になり、どこを重点的に学び直す必要があるかがつかみやすい。

重要な用語や定義、公式、歴史上の出来事などを頭に入れる際に、連想を働かせたりしながら覚えようとしたり、意味を考えながら覚えようとしたりする子もいれば、ひたすら丸暗記しようとする子もいる。前者のように連想を働かせる方が後で思い出しやすくなるし、意味を考えながら覚える方がじっくり考えることで理解が深まり頭に入りやすい。

新しく習った概念や法則に関して、具体例を考えながら理解しようとする子もいれば、その定義や法則をそのまま覚えようとする子もいる。前者のように具体例を考える方が実感をもって理解することができ、また覚えようとする際に記憶が定着しやすい。

このように、メタ認知というのは、具体的な学習活動のあらゆる場面で威力を発揮し、これを活用するかどうかに学習の成果は大いに影響を受ける。

自問自答しながら学ぶ

子どもの学習の基本は、学校の授業内容をしっかり理解することである。そのために教科書を読むというのはだれもがやっていることだろうが、その読み方にも良い読み方と悪い読み方がある。

良い読み方というのは、メタ認知を働かせながら読むことである。教科書を読む際にも、「ちゃんと理解できているかな?」と自らに問いかけ、「大丈夫、ちゃんと理解できてる」と思えば先に進み、「意味不明だな」という場合はもちろんのこと、「いまいちわからないな」「どうもよくわからないな」と思えば、意識を集中して読み直す。そのように、ただ読み流すのではなく、逐一自分の理解度を自問自答しながら読み進めていく。

何度読み返してもよくわからないときは、参考書の該当箇所を探して調べてみる。それでも解決しない場合は、忘れないようにメモをするか、該当箇所に付箋を貼っておき、翌日先生に質問する。

問題集や参考書で練習問題を解くときも、ただひたすら解くのではなく、解答中も「これは何を求めているのか?」「面積を求めているんだ」「この式を使えばいいのかな?」「この式で大丈夫」「計算は間違ってないか?」「確認したから大丈夫、間違ってない」というように、解答プロセスを自問自答しながら解き進めていく。

教科書などで勉強する際にも、問題集などで練習問題を解く際にも、このような自問自答を意識することで、メタ認知が働くようになる。自分の理解度をチェックする子ほど成績が良いとされるが、ちゃんと理解できているか、この方法で間違いないか、計算間違いはないかなどと自問自答することで、着実に学力を身につけていける。

もちろん、家で勉強をするときだけでなく、授業中も、自分の理解度や疑問点などを自問自答しながら先生の解説を聴くようにすることで、有意義な学びの時間にすることができる。

このようにモニターしながら学ぶ姿勢がまだできていない場合に、モニター役を設定することで効果的な学習になっていく。

たとえば、文章を要約する読解問題に取り組む際に、モニター役が要約した文章について、わかりにくい点、説明不足の点などについて質問し、それに答えていくことで、より深く読解できるようになることが、心理学の研究によって実証されている。

当初は、そうしたモニター役を教師が担ってくれるにしても、それを内面化し、自問自答しながら学習を進められるようになっていくことが望ましい。

大事なところには線を引く

大事なところには線を引くというのは、学習活動に関する基本的なメタ認知的知識のひとつである。そんなのは当然だろうと思うかもしれないが、それが習慣化していない子も結構いるようである。

たとえば、授業中に教科書やノートの大事なところに線を引くことで、復習するときやテスト前に大事なところだけに絞って何度も読み返すことができるといったメリットもあるが、線を引くことの効用はそれだけではない。

線を引くという行為そのものが、学習を深める効果をもつのである。

線を引く際には、大事なところとそれほどでもないところを区別しなければならず、内容に集中する必要がある。「ここも大事」「こっちも大事」と片っ端から線を引いていたら、線を引いた箇所だらけになってしまい、線を引いた箇所が浮かび上がってこない。それではひと目見ただけではどこが大事なのかがわからない。

私自身、学校時代から、教科書や参考書を読むときに大事なところに線を引くだけでなく、小説や評論を読んだり、新聞を読んだりするときも、大事だと思うところに線を引く習慣があった。大事なところだけでなく、「そう、そう、そうなんだよ！」と共感する箇所や「これは面白い！」と感心した箇所などに線を引いたり、「これはちょっと違うんじゃないか？」と疑問に思う箇所には違う種類の線を引いたりするため、ときに線だらけになってしまう。趣味で読むときはそれでかまわないが、勉強するときは、それではテスト前に読み返すときの役に立たない。

ゆえに、線を引く箇所を極力絞る必要がある。「ここも大事だな」「こっちも大事だな」とつぎつぎに線を引いたりせずに、「どっちが大事かな?」と比較しながらじっくり読み返して厳選していかねばならない。それによって読みが深まり、理解が促進される。

実際、重要な箇所に線を引く方が、重要な内容の再生テスト(要点を思い出させるテスト)の成績が良いことが、心理学の実験でも確かめられている。

難しいところはゆっくりかつ繰り返し読む

難しいところはゆっくり読むとか、繰り返し読むというのも、学習活動に関する基本的なメタ認知的知識のひとつである。

これも、ごく当たり前のことと思うかもしれないし、成績の良い子は無意識のうちにしていることだろうが、成績の悪い子の場合はそういったごく初歩的なメタ認知的知識さえももっていないことがある。

そのため、読んでいてよくわからないと、「こんなの、わからない」とか「難しい。無理」などと言って、読み返すこともせずに諦めてしまう。一度読んだだけではわからないというのは、勉強していればよくあることなのだが、わかるようになるために粘るということがない。

さらに酷いケースでは、自分の理解度をモニターしながら読む、つまり「わかってるかな?」「わかってる、大丈夫」「ここはちょっと難しいな、よくわからない」というように自問自答しながら読むということをせずに、ただ読み進めていくだけで、「よし、終わった」と勉強を切り上げる子もいる。わかっていない箇所があるはずなのに、そのまま通り過ぎて、勉強した気になっている。

そのような子は、忍耐力がないとかやる気がないとか言われがちだし、実際そうかもしれないが、じつは初歩的なメタ認知的知識をもたないことが大きいのかもしれない。

そのような子に対しては、自分がちゃんとわかっているかどうかをモニターしながら読むということ、よくわからないところがあれば繰り返して読むこと、その際は意識を集中してゆっくり読んでみること、などといった基本的なメタ認知的知識を教えてあげる必要があるだろう。

文章を要約すると理解が深まる

学校時代、国語の授業で、教科書の文章を要約する練習をやらされた人も少なくないはずだ。私もそのようなことをさせられた覚えがある。教科書の文章だけでなく、新聞の社説の要約をさせられたことも覚えている。

このように要約する作業は、読解力を高める訓練になり国語の勉強になるだけでなく、社会や理科、算数といった他教科の解説を理解するのにも役立つ。教科書を読んでも意味がわからない中学生が約半数もいるとされるが、それは国語の読解力が乏しいからに他ならない。

要約したりキーワードをつくらせたりすると、その文章に書かれている内容の理解度が向上することを確認した研究もあるが、何を言おうとしているのか、どこが重要なのかを判断するには、意識を集中してじっくり読む必要があり、そうすることで理解が深まるのである。

中学1年生を対象とした実験でも、要約したり、仲間同士で質問し合ったりすることで、文章理解の成績が向上することが確かめられている。

このように、要約することの他にも、友だちと質問し合ったり、あるいは自分で質問をつくってそれに答えてみたりすることは、文章を深く読む姿勢につながり、読解力を高める訓練になる。

それは、国語の読解の成績向上につながるだけでなく、他教科の教科書の理解や先生の解説の理解をも促進する。論理的思考能力を高めるためには読解力を磨くのがよいとされるが、論理的思考能力はあらゆる教科の学習を後押しする。

質問づくりの効果については、別の項で改めて取り上げることにしたい。

ノートをまとめ直すことで成績が向上する

私が通った小学校は、ごくふつうの公立小学校だったが、担任の先生が風変わりだったせいか、どの教科でも大学ノートを使わされ、左側のページに板書事項を中心に授業中に書き込み、右側のページには授業中は何も書かないように言われた。

右側のページには、左側に記入された事項から矢印を引いて、その解説を参考書などで調べて記入したり、左側の内容を要約したり、疑問点を記入して、それについて調べたことを記入したりするように言われた。

つまり、右側のページは復習用、あるいは発展学習用だった。とにかく厳しい指導をする先生だったので、私の場合、右側のページはほとんど白紙だったため、しょっちゅう怒られていた。だが、そのノートの使い方が習慣となり、中学・高校時代もそのようなノートにしていたが、とても役立ったように思う。

心理学者の犬塚美輪は、大学生を対象に、事後のまとめノートの量や質と成績との関係を検討する調査研究を行っている。

その結果について、細かな話をもち出すとかえってわかりにくいので、大まかにまとめると、事後ノートの記述量が多いほど成績が良いことがわかった。また、内容を図解するなど、図の使用頻度が高いほど成績が良かった。さらに、体制化が行われているほど、つまりただ単語を羅列するだけでなく、関連する情報をまとめたり、内容を体系的に整理したりしているほど、成績が良いことがわかった。

このように、ノートをまとめ直すことの効果は科学的に実証されており、授業ノートを復習時やテストの準備勉強時にまとめ直すことで内容の理解が深まり、それが成績の向上につながると言える。

ノートをまとめ直す際には、内容をただ羅列するのではなく、図解したりして要点を関連づけながらまとめるのがコツで、概念や概念間の関係を整理することで理解が深まっていく。

つまり、まとめ直したノートが後で役に立つというだけでなく、ノートをまとめ直すことによって理解が促進される。

わかったつもりを防ぐ

第2章で、問題を解く際に、「問題を注意深く読んだか」「問題を解くための手がかりは見つかったか」など、問題そのものやその解法についてじっくり考えるように導く質問をするトレーニングを行うことで、成績が良くなることを示した実験結果を紹介した。

このような結果は、メタ認知的モニタリングを促すトレーニングによって、じっくり考える姿勢が促され、自分の理解度に関してもじっくり振り返る姿勢が促されたと解釈することができる。それによって、安易に「わかったつもり」になって通り過ぎずに、わからないところをはっきりさせ、ちゃんと理解してから先に進むようになっていく。

このことは、問題を解くときだけでなく、教科書やノートを読んだり、授業を聴いたりするときにもあてはまる。

そのような自問の他にも、「わかったつもり」を防ぐ方法はある。

先ほど、キーワード作成の効果、つまりキーワード作成によって理解が促進されることを指摘した。それに関しては、まだメタ認知能力が十分に発達していない小学校低学年や中学年の子どもでは、キーワード作成の効果はみられないが、小学校高学年ではキーワードを作成させることで文章の理解が進むことが確認されている。

このような結果から、自分からメタ認知的モニタリングやメタ認知的活動ができない児童前期から中期の子どもでも、重要な言葉を選ばせることで、「どこが重要なんだろう？」と考えながら読む習慣をつければ、ただ漠然と読むのと違って読みが深まり、理解が進むことが期待できる。

概念地図作成にも理解を促す効果がある。概念地図というのは、線や矢印で結ぶことで複数の概念の関係を図解するものを指す。たとえば、中学生を対象とした実験でも、概念地図を作成させることで、書かれている内容の理解が進むことが確認されている。

概念地図を作成するには、個々の概念間の関係をはっきりつかむ必要があり、そのためには個々の概念を十分に理解できていないと困る。そうした姿勢で意識を集中することで読みが深まるとともに、よくわからないところもはっきりしてくる。そこをもっと理解しようとする過程で、理解が深まっていく。

再学習すべき箇所をはっきりさせることで成績が向上することも示されているが、たとえばテスト前の準備勉強の際に、よくわからない箇所やちょっとわかりにくい箇所、きちんと覚えられていない箇所がわかれば、全体の復習に同じ時間をかけるのではなく、理解不十分な箇所やきちんと覚えていない箇所に多くの時間を割くことができる。それは効果的なテスト対策となる。

教科間でも得意・不得意があるだろうし、ひとつの科目でも試験範囲内に得意な分野と不得意な分野があるだろう。自分の理解度や習熟度をチェックし、わからないところ、ちゃんと頭に入っていないところがつかめれば、重点的に復習すべき教科や分野がわかり、より効果的なテスト対策ができる。

自分でテストしてみると、弱点を克服できる

だれもが学校時代に問題集で問題を解く練習をしたことがあるはずだ。算数の問題集で計算問題や文章題の練習をしたり、国語の問題集で漢字の書き取りや文章読解の練習をしたりしただろう。

それにはテスト対策という意味があるだけでなく、理解を促す意味もある。

たとえば、算数の問題集で片っ端から問題を解いていくと、整数の計算はほぼ正しく解けているのに、分数の計算は間違いが目立つことがわかったりする。その場合は、分数の計算について、もう一度しっかり学び直す必要がある。

数学の問題集で片っ端から問題を解いていくと、方程式の問題はだいたい正しく解けているのに、図形の証明問題で間違いが多いことがわかったりする。その場合は、補助線を引いたりして証明する図形問題について、もう一度しっかり学び直す必要がある。

このように、問題集などを使って問題が解けるかどうか自分でテストしてみると、学び直す必要がある弱点がわかる。そこを克服すれば、学んだことがらをしっかりと習得することができる。

模擬テストを受けたりするのも、自分の実力を知るためだが、それは同時に弱点を見つけるためでもある。体重計に乗って今の自分の体重を知ることで、ダイエットする必要があることを知るのと同じで、今の実力を知ることは、克服すべき弱点領域を知ることにつながる。

自分でテストするというのは、何も問題集で問題を解く練習をすることに限られるわけではない。成績の良い子の場合、復習時やテストの準備勉強時に、教科書やノートを見ながら自分で問題をつくり、それを解くというようなことをしていることもある。

それは、とくに問題作成というような大げさなものではなく、「ここは理解できているかな?」という感じで、「じゃ、この事件が起こった経緯はどうだったかな?」と自分に問いかけて、説明できるかどうか試してみたり、教科書の例題の解法部分を隠して、「どうやって解くんだったかな?」と自分に問いかけて、ノートに書きながら解いてみたり、というように日常的に自分でテストする方式を使ったりしているものである。

学習内容を人に説明することで理解が深まる

テストしてみるのと同様に、人に説明することでも弱点が見つかり、強化すべき分野が明確になる。

学校時代に、自分ではわかっているつもりでも、友だちから尋ねられて説明しようとすると、うまく説明できず、じつは自分もきちんと理解できていなかったことに気づく、というようなことがあったのではないか。

あるいは、テスト前に友だち同士で重要事項について説明し合って、よくわかっていないところを見つけて勉強し直す、というようなことをした人もいるのではないか。

人に説明しようとしたときに、自分が十分に理解できていないことに気づくというのは、じつによくあることである。わかっているつもりだったのに、いざ説明しようと思うと、うまく説明できない。

メタ認知的モニタリングができていなかったせいで、漠然とわかったつもりになっているということは、意外に多いものである。中途半端な理解では、人にちゃんと説明することができない。

たとえば、自社製品についてよく知っているつもりでも、それを使うメリットとデメリットを教えてほしいなどと取引先から改めて尋ねられると、その製品の特徴が頭の中で整理できていなかったことに気づく、というようなことはしばしば起こるのではないだろうか。

勉強でも、仕事でも、「できる人ほど不安が強い」というのはよく言われることで、実際に心理学の研究でも実証されていることだが、それはメタ認知的モニタリングを頻繁に行うことが関係しているのではないか。

自社製品やサービスの売り込みのためのプレゼンテーションをする場合など、不安のない人は、パワーポイントができあがると、ちょっと練習しただけで、「これで大丈夫。何とかなるだろう」と楽観し、準備を終える。だが、本番で思いがけない質問を受けて、答えられずにうろたえたりする。

一方、不安の強い人は、何度も練習して頭に入れようとするだけでなく、「質問に答えられなかったらどうしよう」と不安になるため、ありとあらゆる質問を想定して、それについて説明する練習をする。そうするとうまく説明できないことが出てきて、そこを説明できるように資料を調べながらじっくり検討したりするため、理解が深まる。そうした用意周到な準備のおかげで失敗することが少ない。

できない人は、あまり不安がなく、自分がちゃんと理解できていないのではなどと気にすることがないため、わかったつもりのままにしてしまう。メタ認知的モニタリングが不十分なのだ。

それに対して、できる人は不安が強く、自分がちゃんと理解できているかどうかが気になり、頻繁にメタ認知的モニタリングを行うため、ちゃんとわかっていないところが明確になり、そこを補強することで実力がついていく。

メタ認知的モニタリングを働かせてわかったつもりを防ぐには、友だちと説明し合うというのがよいだろう。

そのようなことをする友だちはいないという場合は、教科書の1単元ごとに、そこで学んだことを声を出して説明してみるのもよいだろう。

大学生を対象とした研究では、成績の良い学生は自己説明をよくしていることがわかっている。また、幼児を対象とした研究では、自己説明を繰り返させることで成績が向上することが証明されている。

自己説明も、理解を深めるのに十分効果があるようである。

学習内容を文章にすることで理解が深まる

人に説明するのは、きちんと理解できていないと難しいので、説明しようとすると十分にわかっていないことに気づく。だが、それよりもっと強力なのが文章にするという方法だ。

人に説明するにはきちんと理解できていないといけないとはいっても、口頭の説明だとやや曖昧な言い方でも通じるということがある。だが、文章にするには、言葉で明確に表現する必要があり、曖昧なままでは文章にしにくい。

たとえば、メタ認知的モニタリングについて人に説明するとして、口頭で説明するのであれば、「自分がちゃんと理解してるかどうか気になって、わかってるかなってちょっと振り返ってみることってあるじゃない。そうすると、ここはちゃんと理解できてないかも、って疑わしいところが出てきたりするでしょ。そんなふうにして自分の理解度を振り返ってチェックしてみるのがメタ認知的モニタリングって感じかな」というように、正確な表現でなくても、何となく理解していることを感覚的に説明できる。

ところが、文章にして説明するとなると、より適切な言葉を選んで端的に説明する必要があり、感覚的な理解では対応できない。そこで、この本でここまで読んできた内容をもう一度読み返しながら、関係する記述を抽出し、それらをよく考えながら整理して文章にまとめる、といった手順が必要になる。

漠然とわかっていても、結構苦戦するはずだ。口頭で説明するときのように、すでに頭に入っている理解の仕方をたどたどしく並べてすますわけにはいかない。じっくり考えて頭の中を整理しなければならない。

文章を要約するときと同じく、ただ惰性で読むのでなく、意識を集中し、頭をフル稼働させて読むことになるため、自然に理解が深まるのである。

質問を作成すると理解が深まる

質問をつくらせることで理解が進むことが心理学の研究で示されている。

たとえば、心理学者の秋田喜代美は、中学1年生を対象として、質問作成の文章理解に及ぼす効果を検証する実験をしている。

質問を作成させる生徒たちには、「文章を理解できたかどうかを調べる質問を先生になったつもりでつくりなさい」と伝え、4問以上作成し、また答も書くように指示した。比較のために、こちらが質問を与えて解答させるグループと何もしないグループを設定した。質問をして解答させるグループの生徒たちには、各段落から最重要文と重要文を選ばせ、段落内容を整理させるような質問をした。

その後で、読んだ文章の筋を覚えているか、また内容を理解しているかについてのテストを実施した。

その結果、質問を作成した生徒たちの成績がとくに良いことがわかり、質問を作成することで内容の理解が促進されることが確認された。

さらには、国語の成績上位者では、グループ間の成績の差はなく、とくに質問作成の効果はみられなかったが、成績中位者や下位者では、質問作成により内容の理解が促進されていた。

このような結果からわかるのは、質問を作成することで内容理解が進むということに加えて、成績上位の生徒たちは、中学1年生時点では、すでに自発的にメタ認知的モニタリングを行っているため、この実験で作問させるかどうかで成績の違いは出なかったのではないかということである。

なお、質問作成群がどのような質問をつくったのかを検討すると、成績上位群はとくに重要な文に関する質問を作成していたが、成績中位群や下位群はそうではなかった。それでも、その後の成績をみると質問作成によって成績は良くなっていた。

ここから言えるのは、内容についての質問を作成すること自体に理解を促進する効果があるということ、つまり質問をつくろうとする過程で読みが深まり、理解が促進されるということである。

この他にも、多くの研究により、内容に関する質問を作成させることでその後のテストの成績が向上することが実証されている。

これは、自問自答の効果に通じるものと言える。中学生を対象とした実験でも、文章の意味を自問自答するように促すことで、ただ読んだ生徒たちよりも読解の成績が良くなったことが示されている。

自問自答を促す方法として、質問作成を位置づけることもできる。「ここはどういうことだっけ？」「どうしてこうなるんだっけ？」「ここは何を言いたいんだろう？」「どこがとくに重要なんだろう？」と自問自答しながら読んでいくとよいのだが、自発的に自問自答しながら読む習慣のない子どもたちに自問自答を促すには、質問を作成させるというのが効果的だろう。

具体例を考えることで抽象的概念の理解が進む

算数や数学、理科などはもちろんのこと、国語や社会でも抽象的な概念がたくさん出てくる。その定義を覚えたり、公式を覚えたりすれば、とりあえずは問題を解くことはできるかもしれないが、心から納得のいく理解ができていなければ、ほんとうにわかったことにはならない。

心から納得できるようにするには、具体例を考えるのがよい。

私は、大学生や社会人を相手に長年心理学の授業をしてきたが、心理学で学ぶ概念は抽象的なものが多く、定義を示したところで、表面上は「なるほど」と思いはしても、心から「わかった！」という感じになりにくい。そこで、生きた知識になるようにといった意図のもと、できるだけ日常生活でだれもが経験しがちな具体的出来事に関連づけて解説するようにしている。

私の講義形式の授業を聴講した受講生たちによる、匿名性を保証された授業評価のコメントが毎年大学から送られてくるが、それをみると日常にありがちな具体例を示すことで抽象的概念の理解が進むことがわかる。２０１９年の授業評価のコメントをいくつか紹介してみよう。

「教科書を読んだだけでは理解が難しいことを、さまざまなわかりやすい日常の事例を使って説明してくれることで、非常に腑に落ちる理解ができる」

「先生の経験や、用語について、私たちにとって身近でわかりやすい解説など、ひとつひとつていねいに講義していただき、とっても興味深い授業でした」

「先生の具体例が多くて、わかりやすかった」

「事例を交えての講義であり、内容がわかりやすかった」

「難しい用語が多かったが、先生が身近な具体例で説明してくれたので理解しやすかった」

「先生の具体的な事例を交えた説明はとてもわかりやすく、興味を引くものでした」

「心理学というと、自分の嫌な面やダメな点がわかるのかと思っていて、良いイメージがありませんでした。しかし、先生はいろいろな事例を取り上げながら説明してくれて、『自分にも似たことがあったか？』を考えたりしながら取り組むことができました。心理学のイメージが、私の中では良くなりました」

「単に教科書を説明するだけでなく、身近でわかりやすい例をあげて説明があったので、とてもわかりやすく、興味深く授業を受けることができました」

「経験の話、事例を多く提示し、大変イメージしやすい講義です」


こうしたコメントからも明らかなように、どんなに難しい概念も、日常生活でだれもが経験しがちな具体例と関連づけて解説すれば、「なるほど、そういうことか」「それなら自分も経験したことがあるから、よくわかる」というように心から納得しながら理解することができる。自分自身が経験したことがない場合でも、具体的事例と結びつけることで、「そういうことって、いかにもありそう」というように想像力が働いて、理解しやすくなる。

私の講義がわかりやすいとよく言われることの最大の要因は、自分の体験やだれもが経験しそうな日常的な事例に結びつけて心理学の概念を説明するところにあると思う。

大人でさえ、このように具体例を考えることで理解が進むのである。ましてや、まだ抽象的な概念に慣れていない子どもの場合、具体例と結びつけない限り、なかなか理解できないだろう。逆に言えば、具体例と結びつけることで理解しやすくなる。

子どもの認知発達を考えると、個人差があるものの、幼児期は前操作期にあたる。この段階の子どもは、たとえば、同じ数のおはじきを2列に並べ、目の前でそのうちの1列の間隔を広げ、どっちの方がおはじきが多いかと尋ねると、長くなった列の方が多いと答える。ひとつひとつ数えれば同じ数だとわかっても、広がっていると多いように感じてしまう。

児童期、つまり小学生の時期は概ね具体的操作期に相当する。この段階になると、概念的操作ができるようになり、おはじきの列の長さが変わっても数が変わらないことを理解できるようになる。

また、この時期になると、論理的思考ができるようになり、系列化や分類の課題に成功するようになる。系列化というのは、たとえば長さの違う棒を長い順に並べたり、大きさの違

う ビー玉を小さい順に並べたりすることである。分類というのは、たとえば色と形の違う図形を色で分類したり、形で分類したり、より複雑になると色と形を組み合わせて分類したりすることである。

ただし、論理的に考える対象は現実に存在する具体的な物に限られ、言語のみによる抽象的思考はまだできない。

ゆえに、小学校の中学年くらいまでの段階では、具体的なおはじきやビー玉などを使って数の概念の理解を促す必要がある。

小学校５・６年生や中学生あたりから形式的操作期に入っていく。この段階になると、仮説的な概念的操作ができるようになり、抽象的な論理的思考が可能になる。

思考の内容と形式を分離し、形式のみに関して抽象的に考えることができるようになるのが、この段階の特徴である。たとえば、「ゾウは犬よりも小さい」と「犬はスズメより小さい」という2つの仮説的な前提を踏まえて、「ゾウはスズメより小さい」という判断ができるようになる。現実には、ゾウは犬やスズメよりもはるかに大きいので、具体的操作期段階の子どもは、「そんなことはあり得ない」ということで先に進めないが、形式的操作期になると、現実的にあり得なくても、「A＜B」かつ「B＜C」なら「A＜C」といった形式論理に基づいて、「ゾウはスズメより小さい」という判断ができるようになる。

このように小学校の終わりから中学生あたりになると抽象的思考が可能にはなるものの、先に示したように大人でも具体例で示すことで実感をもって理解できるので、子どもに対しては極力具体例を示して教えることが大切となる。

小学校高学年や中学生で分数の割り算の理解が十分でない子も少なくないことの理由として、分数で割るということの意味がわからないということがある。そのまま通り過ぎてしまうと大学生になってもわからない。

たとえば、「1÷1／4＝4」の意味がわからない。意味がわからないままに「1÷1／4＝1×4／1＝1×4＝4」というように変換して答を出す者もいる。だが、分数で割るということを実感をもって理解するには、「1つのおまんじゅうを1／4の大きさのおまんじゅうで割ると4になる、つまり1つのおまんじゅうから1／4のおまんじゅうが4つ取れる」というように具体例で考えるといい。

ここから言えるのは、子どもが抽象的概念について自分で学ぶ際にも、具体例を考えることで、心から納得する形で理解できるということである。

これから何を学ぶのかを意識すると理解が進む

授業の最初にこの時間で何を学ぶかを教師が簡単に説明してから授業に入ったり、教科書や参考書の各章のはじめにこの章で何を学ぶかを簡単にまとめた導入文が添えられたりすることがある。

これからこういった歴史的事件の背景について学ぶ、この公式の使い方について学ぶ、植物の光合成の仕組みについて学ぶ、地層から読み取れることについて学ぶなどとわかれば、心の準備ができる。

どこに意識を向ければよいかがわかり、これまでに学習した内容と関連づけながら解説を聴いたり読んだりすることができる。

オースベルは、有意味受容学習を効果的に行うために必要な要素として、先行オーガナイザーを重視している。有意味受容学習というのは、歴史的事件の意味を理解したり、理科や数学の公式の意味を理解したりするときのように、意味を考えながら理解を深めていく学習のことで、歴史の年号や漢字、英単語などの暗記のような機械的学習に対置されるものである。

新しいことを学習する際に、いきなり知らないことを言われてもなかなか理解できず、無理やり吸収しようとしても、頭の中でうまく整理できない。それでは効果的な学習にならない。そこで、威力を発揮するのが先行オーガナイザーだ。

先行オーガナイザーというのは、新しい学習内容を、学習者がすでにもっている知識と関連づけるための情報のことである。新たな学習に先だってこれを提示することで、学習者の認知構造と新たな学習内容の橋渡しができる。

先行オーガナイザーには、説明オーガナイザーと比較オーガナイザーがある。

説明オーガナイザーとは、これから学習する内容を概観する情報のことで、授業の最初や教科書・参考書の章や節の導入部分にわかりやすく提示するのが一般的である。これにより、学習者はこれから何を学ぶのかがわかり、心構えができるため、その後の説明が頭に入りやすくなる。

比較オーガナイザーとは、これから学習する内容と学習者がすでにもっている知識の類似

図表3　先行オーガナイザーとは？

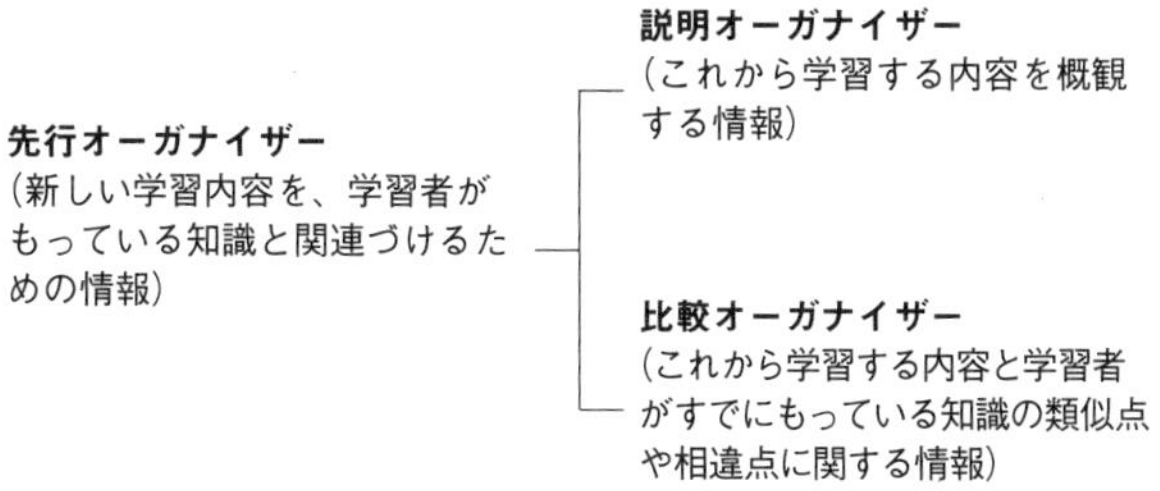

先行オーガナイザー
（新しい学習内容を、学習者がもっている知識と関連づけるための情報）

- **説明オーガナイザー**
（これから学習する内容を概観する情報）
- **比較オーガナイザー**
（これから学習する内容と学習者がすでにもっている知識の類似点や相違点に関する情報）


点や相違点に関する情報のことである。これを提示することで、学習者はすでにもっている知識と照らし合わせながら説明を聴けるため、新たな学習内容の理解が促される。

　このように教育の場でも先行オーガナイザーを用いる工夫がなされているわけだが、子どもが自ら学ぶ際にも、ここで何を学ぶのかをはっきりと意識することで、関連する知識が思い出されたりして、理解の枠組みがつくられていく。

思考内容を図解することで整理できる

　いくら意識を集中しても、聴いただけでは理解しにくい内容の場合、図解することでわかりやすくなるといった効果が期待できる。

　たとえば、ビジネスの場でも、プレゼンテーションなどでパワーポイントがよく用いられるが、話の要点をキーワードで示したり、複数のキーワードを並べたり、キーワード同士を矢印で結んで関連を示したりする。そうした図解によって、口頭の説明がとてもわかりやすくなる。図解を参考にして聴いた話を整理できるのだ。

私も、ビジネスの場では、わかりやすいようにパワーポイントによる図解を用いるが、授業では用いないことにしている。それは、図解に頼りすぎると、授業が読解力の鍛錬の場にならず、読解力が衰退していくのを危惧するからだ。

近年若者の読解力の低下が指摘されているが、図解など視聴覚教材によって「見ればわかる」という方向に行き過ぎて、自分の頭でじっくり考えるというプロセスが省略されてしまっているのではないか。そのため、話を聴いて自分で整理するということができず、教科書の文章や教師による口頭の説明だけでは十分理解できなくなっているのではないだろうか。

そこで大事なのは、図解をしてもらうのでなく、理解すべき内容や考えている内容を自分で図解して整理する力をつけることである。

たとえば、話を聴いたり教材を読んだりするときに、とくに重要な点をキーワードや箇条書きで抽出し、それを四角い枠で囲って、因果関係や時間の流れを矢印で示したりする。目的、方法、結果、結論といった流れに整理したり、問題、用いる公式、計算式、解答といった流れに整理したり、主人公の言動、そのときの気持ち、相手の反応といった流れに整理したり、疑問、その答、その根拠といった流れに整理したりする。

私の授業の受講者にも、解説を聴くだけではわからないからといって、「図解してもらえませんか」と要求してくる学生もいれば、こちらが言葉で解説した内容を自分で図解して整理したノートをもってきて、「こういう理解でよかったですか？」と確認に来る学生もいる。多少ずれていることもあるが、後者の方が読解力が高いのは言うまでもない。

人の話を聴いたり、本を読んだりして、その要点を図解する練習を積めば、自分が頭の中で考えていることを図解することもできるようになる。

頭の中だけで考えるより、考えていることを箇条書きやキーワードに書き出して、それぞれの関係を線や矢印で結んだりしながら考える方が、論理の流れを整理しやすい。

何でも丸暗記する傾向は理解の妨げになる

記憶力が良い若いうちは、何でも丸暗記でその場をしのぐこともできてしまうため、丸暗記に頼りがちである。漢字や英単語、数学や理科の公式など、丸暗記が必要なものもある。その場合は、語呂合わせなどのテクニックを駆使することになる。

だが、あまり丸暗記に頼りすぎると、意味を理解しようとじっくり考えるといったプロセスが疎かになりやすいので、暗記が得意な子はとくに注意が必要だ。意味を理解しようと一所懸命考える姿勢が乏しいと、いつか行き詰まることにもなりかねない。

丸暗記でしのげる小テストはよくできても、記述式が出題される学期末のテストで躓くというような場合は、あまり暗記ばかりに頼らずに、意味を考える習慣を身につけることも必要だろう。

漢字や英単語でも意味を考える余地があるし、公式にも意味を考える余地はあるが、各時代の特徴や歴史的な流れ、歴史的事件の経緯、各地方の地理的特徴や主な特産物、動植物の生態などは、単に丸暗記するよりも意味を考えた方が深く理解することができ、学ぶ楽しさも味わえるはずだ。

効果的な記憶法のところで詳しく例示するつもりだが、意味を考えながら覚える方が記憶の定着がはるかに良くなる。いわば記憶すべき内容が精緻化される。精緻化については、後ほど解説する。

結局、意味を考えることによって思考は深まり、それに伴って理解も深まっていくが、丸暗記は思考停止の状態をもたらす。

そこで問われるのが学習観である。丸暗記すればよいという学習観をもっているか、意味を理解したいという学習観をもっているか、ということである。考えるのはめんどうくさいという子もいれば、意味がわからないと気持ち悪いという子もいる。

学習観が学びの深さや成績に関係する

学習をする際に何を重視するかという信念を学習観という。どのような学習観をもっているかによって日頃の学習姿勢が違ってくる。さらには、どのような学習観をもっているかによって成績も違うことがわかっている。

心理学者の植阪友理たちは、学習観を測定する心理尺度の作成を試みている。それは、認知主義的学習観と非認知主義的学習観に分けるものである。認知主義的学習観とは、効果的な学習には意識的な認知処理が重要だと考える信念のことである。一方、非認知主義的学習観というのは、内的な認知処理よりも、量や環境を重視する信念のことである。

このように言ってもわかりにくいと思うので、それぞれの学習観がどのような下位尺度（要素）によって測定されるのかをみてみよう。

認知主義的学習観は、意味理解志向（ただ暗記するより、理解して覚えることが効果的だ、とみなす傾向など）、思考過程重視志向（答が出ても、他の解き方があるかどうかを考えることが大切だ、とみなす傾向など）、方略志向（成績を上げるには、勉強のやり方を考えることが大切だ、とみなす傾向など）、失敗活用志向（間違えることは、その先の学習に活かすための大切な材料だ、とみなす傾向など）で構成されている。

一方、非認知主義的学習観は、丸暗記志向（なぜそうなるかを考える前に、まず覚えることが重要だ、とみなす傾向など）、結果重視志向（なぜそうなるのかわからなくても、とにかく答が合っていればよい、とみなす傾向など）、物量志向（成績の良さは、勉強のやり方

図表4　認知主義的学習観と非認知主義的学習観

認知主義的学習観	意味理解志向	ただ暗記するより、理解して覚えることが効果的だ、とみなす傾向など
	思考過程重視志向	答が出ても、他の解き方があるかどうかを考えることが大切だ、とみなす傾向など
	方略志向	成績を上げるには、勉強のやり方を考えることが大切だ、とみなす傾向など
	失敗活用志向	間違えることは、その先の学習に活かすための大切な材料だ、とみなす傾向など
非認知主義的学習観	丸暗記志向	なぜそうなるかを考える前に、まず覚えることが重要だ、とみなす傾向など
	結果重視志向	なぜそうなるかわからなくても、とにかく答が合っていればよい、とみなす傾向など
	物量志向	成績の良さは、勉強のやり方より勉強の量で決まるものだ、とみなす傾向など
	環境設定志向	みんなの成績がいいクラスに入っていれば、成績は良くなる、とみなす傾向など

（植阪たち（2006）より作成）

より勉強した量で決まるものだ、とみなす傾向など）、環境設定志向（みんなの成績がいいクラスに入っていれば、成績は良くなる、とみなす傾向など）で構成されている。

つまり、認知主義的学習観とは、ただ覚えるより理解することを重視し、答が合っていればよいというのでなく思考過程を重視し、ただ勉強の時間が多ければよいというのでなく勉強のやり方を工夫することが大事だと考え、失敗に落ち込むより今後の学習に活かそうとする学習観である。

それに対して、非認知主義的学習観とは、意味を理解するより覚えることを重視し、答を出すプロセスより正解かどうかにこだわり、学習方法より学習時間や学習環境を重視する学習観である。

そして、植阪たちは、中学2年生の学習観と数学の成績の関係を検討している。その結果をみると、認知主義的学習観は成績の良さと有意な相関を示し、非認知主義的学習観は成績の悪さと有意な相関を示した。

とくに、意味理解を重視し、思考過程を重視する者ほど成績が良く、意味理解より丸暗記を重視し、思考過程より結果を重視する者ほど成績が悪いことがわかった。

大学生を対象とした調査研究でも、暗記を重視する学生より意味の理解を重視する学生の方が成績が良いことや、高校時代に暗記を重視していた学生よりも、理解することを重視していた学生の方が記述式課題の成績が良いことがわかっている。

心理学者の鈴木豪は、小学校高学年を対象とした学習観尺度を作成し、暗記再生志向学習観と意味理解志向学習観に分類している。

暗記再生志向学習観とは、「理由がわからなくても問題の解き方を覚えればよい」「わからないことは、とりあえず覚えてしまえばよい」「答が合っていればよい」というような考え方を指す。

それに対して、意味理解志向学習観とは、「自分の力で理解できるかどうかが大切だ」「学習によっていろいろな考え方ができるようになる」「学習によって物事の仕組みがわかるようになる」というような考え方を指す。

そして、これらの学習観と算数得意度との間に有意な正の相関を見出している。

このように、いつの間にか自然に身につけている学習観が学びの深さに影響し、ひいては成績に影響することがわかる。意味を考えずに丸暗記したり、プロセスを軽視して結果ばかりを重視したりしていると学習が深まらず、成績も良くならない。

結果にばかりこだわる親のもとでは、好ましくない学習観が身についてしまう怖れがあることがわかるだろう。

大事なのは、何かを覚える際もできるだけ意味を考え、理解しようとすること、そして結果も大事だがプロセスを大切にすることである。それによって学習が深まっていく。

維持リハーサルと精緻化リハーサル

暗記重視の学習観の持ち主は、意味理解重視の学習観の持ち主より成績が悪いということがわかったわけだが、だからといって覚えることが良くないというのではない。なぜそうなのかを考えずに、ただ覚えればいいというような学習観が問題だ、意味を理解しようとしてじっくり考えることが大切だ、ということである。覚えなくていいというのではない。

そもそもじっくり考えるためにも、基本的なことは覚える必要がある。たとえば、薬の効能や副作用についてじっくり考えて検討するにも、薬学用語を知っているのが前提となる。

心理学的な現象についてじっくり考えて検討するにも、心理学の基本知識が頭に入っていることが前提となる。

そこで、基本的な事項を頭に入れるためにも、効果的な記憶法について知っておく必要がある。

何かを覚えようとする際に、何度も言ってみたり、頭の中で繰り返したりして覚える方法と、意味を考えたり連想したりしながら覚える方法がある。前者を維持リハーサル、後者を精緻化リハーサルという。

今は携帯電話に電話番号が入力されているため電話番号をいちいち覚えていないことが多いだろうが、携帯電話に入っていない番号に電話しないといけないときは、新たな電話番号を入力する必要がある。

その場合、かつてなら電話をかけるまでの時間だけ忘れないように電話番号を頭の中で何度も反復することで記憶を維持しようとしたように、携帯電話に入力するまでの時間だけ忘れないように電話番号を頭の中で何度も反復するはずだ。そのように、短期記憶の中で維持時間を延ばすために機械的に反復することを維持リハーサルという。

ただし、何度も反復しているうちに、短期記憶の維持時間を延ばせるだけでなく、短期記憶から長期記憶に送り込まれ、永続的に記憶されることもある。携帯電話ができる前は、しょっちゅう電話する友だちや取引先の電話番号などは、頭の中に入っていたはずである。英単語を覚えたり、歴史上の人物名や合戦名・事件名などを覚えたりする際にも、このように何度も反復する維持リハーサルを用いることがあるだろう。

それによって記憶が定着することもあるが、意味を考えることでよりいっそう記憶に刻まれることが期待できる。それが精緻化リハーサルである。

短期記憶から長期記憶に送り込むために、意味づけや連想によって深い情報処理をすることで記憶に定着させることを精緻化リハーサルという。

英単語を覚えるのであれば、語源を調べたり、類義語や対義語を調べたりすることで、深く記憶に刻まれる。歴史的事件名を覚えるのであれば、その背景やその後への影響について調べ、じっくり考えることで、深く記憶に刻まれる。

イメージを膨らませる方法もある。たとえば、海辺の一群の生物を覚えるときには、海辺のイメージを思い浮かべ、そこに一群の生物のイメージを並べながら覚えたり、自分自身が海に行ったときのことを思い出しながら覚えたりするのも、精緻化リハーサルの一種である。

心理学者の豊田弘司は、単語を覚えてもらう実験の中で、それぞれの単語ごとに、連想する語をできるだけたくさん記入するように伝えて20秒の時間を与えた。いわば精緻化を求めた。その後で、記銘語（覚えるべき語）も連想語も合わせて思い出す順に思い出してもらった。

その結果、連想語が5つ以上のときに記銘語の再生率（思い出す率）が最も高かった。これは、5つ以上もの連想語を思いつく過程で精緻化が進み、記憶の定着が促進されたのだと考えられる。

ただし、連想語が2つ以下のときも、記銘語の再生率は連想語が3つや4つのときより高かった。これは、20秒もあるのに2つ以下しか連想語が出てこない、つまり連想語が見つかりにくい記銘語をめぐって、何とか連想語を思いつこうと必死に格闘することで精緻化が進み、記憶の定着が促進されたと考えられる。

「なぜ？」「何のために？」を考えながら覚えるのも精緻化リハーサルの一種と言える。心理学者のプレスリーたちは、「空腹の男が自動車に乗った」という文の中に含まれる単語の記憶実験において、「どうして男はそのようなことをしたのか?」を考えさせた場合の方が成績が良くなることを報告している。

たとえば、「食べ物がほしくてコンビニに急いだ」「一刻も早くレストランに行きたかった」などと理由を考えることで、「自転車に乗ったのは空腹な男だった」という印象が強く刻まれる。これは、まさに「なぜ?」「何のために?」と考えることによる精緻化の効果といってよいだろう。自分で考えて生み出した情報が付け加わることの効果という意味で、自己生成精緻化とも言う。

好きか嫌いか、経験があるかないか、自分にあてはまるかどうかなど、自分自身と関連づけて考えながら覚えるのも精緻化リハーサルの一種と言える。

心理学者のロジャーズたちは、単語を覚える実験において、ただその単語の文字の形や発音の音を反復することで覚えるよりも、意味を考えながら覚える方が成績が良いことを見出している。さらに、その単語が自分にあてはまるかどうかを考えながら覚える方が、よりいっそう成績が良いことを見出している。

このように自分と関連づけることにより記憶しやすくなることを自己関連づけの効果と言

う。

いずれにしても、頭の中で機械的に反復する維持リハーサルで音響効果だけに頼るより、覚えるべきことがらについて深く考えながら覚える方が記憶にしっかり刻まれやすい。

深く考えるためには、具体的イメージを膨らませたり、連想を働かせたり、理由を考えたり、自分が好きか嫌いか、経験があるかないか、自分自身にあてはまるかどうかというように自分自身に関連づけたりする方法がある。

その他の効果的な記憶法

学習活動においては、とくに意味を考えたりして精緻化するのでなく、ひたすら反復する暗記に頼らざるを得ない場面もある。そのようなときのコツとして、多チャンネルを用いるということがある。

たとえば、ある言葉や出来事の見出しを覚えなければいけないときなどは、目で読んで黙読で反復するだけでなく、声を出して読んで耳にも音響効果を繰り返し与える。さらに、紙に何度も書くことで、手の運動感覚も繰り返し刺激する。このように複数のチャンネルを用いて反復することで、さまざまな形で想起の手がかりが記憶に刻まれる。

なお、反復は時間をおいてときどき繰り返すと効果的である。覚えているかどうか、数分後に試してみる。数十分後に試してみる。1時間後に試してみる。数時間後に試してみる。寝る前に試してみる。翌朝試してみる。時間の目安は大雑把でよいが、しだいに時間をおくようにして、覚えているかどうか試してみる。忘れていたら、その都度何度も反復する。そうすることで記憶の定着は促進される。

語呂合わせの効果も侮れない。それは、私たちの記憶は物語構造をもっているからだ。

試験の採点をしていると、「解答はほとんど書けませんでしたが、授業には毎回出席して、ちゃんと聴いていました。その証拠に先生の話した雑談を以下に書きます」として、私が話した雑談の要約をいくつも箇条書きで記してある答案に出くわすことがある。本来頭に入れるべきことがらは記憶から抜け落ちて、どうでもいい雑談だけ記憶に残っている。それは、雑談は意味のある物語になっているからである。ほんとうは授業中の雑談の多くは重要事項に関連しているのだが、どうも読み取れなかったようだ。

そこで大切なのは、頭に入れるべき重要事項にも物語的な意味を与えることである。じっくり意味を考えながら理解するという精緻化も、物語化を促す効果がある。だが、より単純な物語化の手法として語呂合わせがある。

小中学生の頃、歴史的事件が起こった年号を覚えたり、算数・数学や理科の公式を覚えるときなどに、語呂合わせを用いたことがあるはずだ。

たとえば、「794年、平安京」を覚えるのに「鳴くよ（794）ウグイス平安京」と繰り返し唱えたり、「1492年、コロンブス新大陸発見」を覚えるのに「意欲に（1492）燃えるコロンブス」と繰り返し唱えたりしたのではないか。コロンブスの発見に関しては、元々の先住民の立場から白人中心の見方だと異議が唱えられているが、そうしたことはここでは棚上げするとして、このような語呂合わせによって、テストが終わって数十年がたっても忘れることがないほど記憶に定着する。

ルート3＝1・7320508やルート5＝2・2360679といった味気ない数字の羅列も、「人並みにおごれや」「富士山麓オウム鳴く」というように語呂合わせをして覚えることで、ほぼ生涯忘れることがないほど記憶に定着する。

このような語呂合わせは、まさに記憶のもつ物語構造を利用した記憶法と言える。物語に視覚的イメージを加えるとさらに効果的だろう。たとえば、右の例で言えば、居酒屋でおごる場面をイメージしたり、富士山の麓でオウムが鳴いている姿をイメージしたりというように。

覚えたらすぐ寝るのも効果がある。忘却理論の中に干渉説というのがある。新たな情報入力に干渉され、以前に記憶されていたことがらが忘却されたり混乱したりするというものである。

試験の前日に必要なことを覚えてしまったら、すぐに寝るのがよいというのは、こうした忘却の干渉説を根拠としたものである。

ただし、寝ることで忘却を防げはしても、寝ているうちに覚えられるということではない。私が高校生の頃、睡眠学習というのが学習雑誌で紹介された。それを真に受けて、私は苦手科目の覚えるべきノートの内容を読み上げて録音してから、再生ボタンを押して寝た。そうすれば寝ているうちに覚えられるはずだったのだが、翌日の試験で痛い目にあった。何も覚えていなかったのだ。

心理学を学ぶようになって、これは睡眠の効果を勘違いしているということがわかった。

記銘（記憶に刻むこと、つまり覚えること）↓保持（記憶を保つこと）↓再生（想起、つまり思い出すこと）という記憶のプロセスのうち、睡眠によって促進されるのは、記銘でなく保持なのだ。

寝ているときは、人と話すこともないし、テレビを見ることもない。よけいな情報が入力されないため、干渉が起こらず、記憶が保たれやすい。だが、睡眠中に記銘はできない、つまり新たなことを覚えることはできない。

睡眠中に記憶が保持されやすいということは、心理学の実験で証明されている。一連の言葉を覚えさせてから、睡眠をとらせるグループと何か活動をさせるグループに分け、数時間ごとに記憶テストを行った。睡眠をとるグループの人たちは、その都度起こされ、テスト後にまた寝た。

その結果をみると、睡眠をとらせたグループの方が明らかに成績が良かった。起きているとさまざまな刺激がつぎつぎに流入してくるため、記憶した内容の保持が妨害されてしまうのだ。

だが、睡眠の効果はそれだけではない。

一連の言葉を記憶する課題に、夕方取り組み翌日の夕方記憶テストを受ける場合と、夜寝る前に取り組み翌日の寝る前に記憶テストを受ける場合で、どちらの方が成績が良いかを比較する実験が行われた。

その結果、寝る直前に覚えた方が成績が良いことがわかった。どちらの場合も、覚えてから24時間後に記憶テストを受けており、昼間起きている間に多くのよけいな刺激が流入するのは同じである。違いは、覚えてすぐに寝たかどうかだけだ。

ここからわかるのは、覚えてすぐに寝ると記憶が定着しやすく、翌日の昼間によけいな情報が流入してきても干渉による妨害を受けにくいということである。どうやら睡眠には記憶を固定化する機能があるようなのだ。

覚えたことをすぐに実際にやってみるというのも効果がある。実演の効果とも言う。

実演することの効果は、多くの心理学の実験で証明されている。ある実験では、実演によって20～30％も記憶成績が向上することが示されている。

さらに、時間の経過とともに記憶は薄れていき、記憶内容の再生率（思い出すことができる率）は低下していくが、実演を用いると、言葉だけで覚えた場合よりも、時間経過に伴う再生率の低下も小さいことがわかっている。

　ここから言えるのは、数学や理科の公式を学んだときなどは、実際に問題を解いてみるのが効果的だということである。公式にこういう数字をあてはめていけばよいと覚えるだけより、実際に数字をあてはめて計算してみた方が、公式や手順についての理解が深まり、記憶も定着しやすい。

　教科書や参考書によく例題が出ているのは、この実演の効果を狙ったものと言ってよいだろう。例題だけでなく、関連した問題練習をすれば、よりいっそう効果的だろう。

　テストをすることで記憶の定着が促進されるという効果もある。

　たとえば、覚えた直後に、ちゃんと覚えているかどうかテストした場合とテストしない場合では、前者の方が数日後の記憶テストの成績が良いことがわかっている。これは、記憶を引き出そうとすることで精緻化が進み、記憶の定着が促されるとみることができる。

　また、この先テストがあると思うことで、学習内容の記憶が長期間保持されるという効果も実証されている。後でテストされると思うことで緊張感が走り、集中力をもって取り組むために、精緻化が進み、記憶の定着が促されるとみることができる。

覚えるべきことを自分の言葉で言い換えるのも効果がある。

よそよそしい言葉は、なかなか頭に入っていかない。先生の説明や教科書や参考書に書いてある説明をそのまま覚えようとしても、なかなか頭に入らず困ったという経験をした人もいるだろう。

そこで大切なのは、自分なりに嚙み砕いて言い換えることである。自分の言葉なら頭に入りやすい。それは、自分の理解の枠組みに沿って記憶することになるからである。

誤答した場合の対処法

ポジティブ心理学の広まりや厳しく指導すると保護者からクレームが来る風潮もあって、ほめて育てる方式が大流行りである。それにより、やたらほめられて育った子の中には、ほめられるポジションを失うことを恐れるあまり、防衛的態度が身につき、失敗や誤りを認めようとしない心理傾向がみられがちである。

間違ったことや点数が悪かったことを受け入れがたいため、それをなかったことにする。たとえば、「今回は山が外れた」「運が悪かった」などと言い訳をして、失敗した事実とまともに向き合おうとしない。

そんな姿勢では、失敗を糧にして学び方を改善することができず、この先また似たような失敗を繰り返すことになってしまう。

大切なのは、失敗した現実としっかり向き合うことである。練習問題とかで、あるいは自分で記憶や理解をチェックする自己テストで、できたかどうかをモニタリングする。その結果、できなかった問題にしるしをつける。

そして、なぜ間違えたのかを考える。つぎに、どうすれば間違えないですむかを考える。

そのための対処をする。

分数の計算、とくに割り算が苦手なら、その計算方法を特訓する。

図形問題が苦手で、補助線の使い方に慣れていないとわかれば、多くの問題練習を行い、補助線の引き方を特訓する。

単純な計算のミスが目立つ場合は、ケアレスミス防止に重点を置き、問題練習をしながら必ず検算をする習慣を身につけるようにする。

自分で書けるほど頭に入っていない英単語があれば、何度も書きながら覚えるようにする。

文法の知識が不足していることがわかれば、習ったはずの文法について徹底的に繰り返して頭に入れるようにする。

歴史的出来事の年号がよくわかっていないのであれば、語呂合わせなども利用しながら、重要な出来事の年号を頭に入れるようにする。

歴史的出来事の経緯を十分理解できていないとわかれば、教科書や参考書をじっくり読みながらきちんと理解するように努める。

植物の光合成の仕組みがよくわかっていないなら、教科書や参考書をじっくり読み返して、きちんと理解するように努める。

このように、自分が失敗した事実を受け入れ、テストでできなかった問題と向き合うことで、具体的な対処法がはっきりつかめ、どこを改善すればよいかがわかる。

なぜ思うように成績が上がらないかを考える

成績が思うように上がらない場合、形式面と内容面をモニターする必要がある。

形式面としては、たとえば授業中の自分の取り組み姿勢を振り返ってみる。すると、問題点が浮上してくる。

授業が始まったばかりの頃は集中しているのだけれど、中間くらいになると集中力が切れ、時計を見ては「まだ30分もある」「まだ20分もある」などと思うばかりで、先生の話に集中できないという子もいる。

よくわかる授業のときはいいのだけれど、わからなくなるとやる気がなくなり、隣の席の子としゃべったりするため、聴いているふりはするけれど、授業で何をやっているのかわからないことが多いという子もいる。

空想癖があり、黒板に先生が書いた計算問題をみんなでやったり、教科書の練習問題を先生の指示に従って解いたりといった作業をしているときはよいのだけれど、先生が話しているときはついボーッとして空想の世界に入ってしまい、授業内容は上の空になるという子もいる。

なぜか授業時間になると眠くなり、どの授業でも、先生に見つかると怒られるから、前の席の子の背中に隠れたり、教科書やノートを見ているふりをしたり、メガネの縁で目玉を隠したりしながら、しょっちゅう寝てしまうという子もいる。

そのように授業中の自分の学習姿勢をモニターできれば、改善の方向もみえてくるので、ほんとうに成績を上げたいなら、そこを何とか改善すべく努力することができるだろう。

家での学習の取り組み姿勢についても、同様にモニターできれば、自分自身の問題点が浮上してくるだろうし、そこがはっきりすれば改善に向けて一歩を踏み出すことができるはずだ。

内容面としては、テストの結果や練習問題のでき具合などを参考に、あるいは授業中の先生の解説についていけているかどうかをもとに、科目ごとに自分の理解度をモニターしたり、科目内の領域ごとに自分の理解度をモニターしたりする。それにより、苦手な科目がわかり、苦手な領域がわかる。

具体的によくわかっていないこと、うまくできないことがわかれば、どうしたらわかるようになるか、できるようになるかを検討しながら、そこを強化すべく重点的に学習することができる。

考えてもわからないときの対処法を自覚しておく

授業で習ったことがよくわからないとか、教科書を読んでもよくわからないというようなことは、だれでも経験することである。そんなときにどう対処するかで、その後の方向性に違いが出てくる。

わからないことがあれば、先生に質問したり友だちに確認したりするのが手っ取り早い。ただし、先生や友だちから説明を受けたときはわかった気になったけれど、家で宿題をしようと思ったら、やっぱりよくわからないというようなこともある。

そんなときのために、わかりやすく解説している参考書を揃えておくことも大切だ。それでもわからないときは、翌日先生に質問するようにする。

このようにして、わからない箇所をそのままにしないことが大事である。成績の良い子は、そのような姿勢を身につけているものである。

ところが、成績の悪い子は、わからないことを質問するのをめんどうくさがり、そのままにしがちである。優等生なら質問に行きやすいだろうけれど、自分は成績が悪いから先生に質問に行ったりしにくいという子もいる。遠慮深くて、自分だけのために忙しい先生を煩わせるのは申し訳ないと思う子もいる。

そのような子には、わからない子に教えるのが先生の仕事だし、わからないことを放置せずに何とかわかりたいという姿勢を先生は尊重してくれるはずだということを教えてあげるのがよいだろう。

同じ授業を受けているのに、自分だけわからないなんて恥ずかしいし、こんなこともわからないのかと思われたくないから、友だちに聞けないという子もいる。

そのような子には、「聞くは一時の恥、聞かぬは一生の恥」ということわざを教えてあげるとよいだろう。

だが、最もよくありがちなのが、わからないということを気にかけない姿勢である。わからないことがあるのが当たり前になってしまうと、それが積み重なって授業にまったくついていけなくなる。

ゆえに、わからないことはそのままにしないという姿勢を早めに身につけるべく、先生に質問する、友だちに確認するといった対処法を教えておくのがよいだろう。

もうひとつ重要なのが、自分の理解度のモニタリングである。わからないということを気にせずに放置する子には、理解度をモニターする姿勢が欠けているということがありがちである。

いわゆるメタ認知的モニタリングの欠如である。そこで、自分がわかっているかどうかを常にチェックする姿勢を身につけさせるようにすべきだろう。

学習姿勢を見直す

この章では、認知能力を向上させるメタ認知の役割について、具体的な学習姿勢や学習方法を題材にして解説してきた。

成績の良い子は、意識せずとも自然にしていることが多く含まれていたかもしれないが、もしできていないこと、気づいていなかったことがあれば、早速取り入れてみるのがよいだろう。

大切なのは、自分の理解具合をモニターしながら学習すること、そして理解不足の点があればそこを克服すべく対処行動を取ることである。そのためにも、この章の各項目で紹介してきたようなメタ認知的な学習姿勢を心がけるように導きたい。

最後に強調しておきたいのは、新たなことを学習する際には、自分なりの言葉で言い換えるなど、自分の理解の枠組みでわかろうとすることが大事だということである。

そもそも私たちは自分なりの言葉でものを考えている。いわば、思考するというのは、自分の言葉を操ることである。新たな学習内容も、自分の言葉で説明できるようになれば、十分理解できたと考えていいだろう。

たとえば、参考書を読むと、自分が思っていたのと少し違った視点で解説されていたとする。そこで、「ああ、そうなんだ」と何の疑問ももたずにそのまま頭に入れようとする子もいるが、それでは精緻化が不十分で、理解が深まらないし、記憶にも残りにくい。

そんなときは、「僕の理解の仕方のどこが間違っているのだろう?」と自分の頭の中を振り返り、じっくり考えることで、そのテーマについての理解が深まっていく。これがメタ認知的モニタリングとメタ認知的コントロールである。

授業中に他の子が先生から指名されて答えた説明が自分の考えと違うようなときも、「あ、そうなのか」と即座に自分の考えを変えるのではなく、「なんでそう考えるんだろう？」「私の考え方とどこで違ってくるんだろう？」というように、友だちの考えと自分の考えを比較し、違う点に焦点づけながらじっくり検討することで、その問題についての理解が深まっていく。

必要なら自分の考えを修正するだろうし、やはり自分の考えの方が正しいと思うこともあるだろうが、大切なのは自分の言葉でじっくり考えて理解を深めることである。

第 4 章

非認知能力を高める方法

学力や成績に大きく影響する非認知能力

社会に出てうまくやっていくには知能、いわゆるＩＱが鍵を握ると言われ、知的能力の開発を重視した早期教育が盛んに行われているが、いくら知的能力が高くても、人間関係がうまくいかなかったり、忍耐力がなかったりして、社会にうまく適応していけない人もいる。

社会に出て活躍しているのは、遺伝的に優秀なＩＱの高い人かというと、必ずしもそうではない。ＩＱの高い人が必ずしも成功せず、ＩＱが平均並みの人が大成功するということもある。

そこで注目されるようになったのが、非認知能力とか情動知能、情動的知性などと呼ばれる能力である。

非認知能力というのは、自分を動機づける能力、長期的な視野で行動する能力、忍耐強く物事に取り組む能力、自分を信じる能力、他者を信頼する能力、自分の感情をコントロールする能力などである。

ＩＱというのは遺伝規定性が強い、つまり遺伝によって決定されている部分が大きいため、教育や本人の努力ではどうにもならない面が強いということが、心理学の研究で示されている。もちろん知的刺激を与えることでＩＱの発達を促すことができるが、遺伝によって生まれた素質は無視できない。

それに対して、非認知能力は訓練によって十分に高められることが示されている。

非認知能力は、対自的能力と対他的能力に分けることができる。いわば、自分の心の状態を理解し、それをコントロールする能力と、他人の心の状態を理解し、それに対応する能力を指す。

他者の情動を適切に理解することができないと、思いやりに欠けた言動を取って傷つけてしまったり、気持ちを逆なでするようなことを言って怒らせてしまったりして人間関係に支障をきたしてしまう。

共感したり同情したりできないと、親密な人間関係を築きにくいということもあるだろう。

また、自分の情動を適切にコントロールすることができないと、怒りを爆発させてせっかくの関係を台無しにしたり、落ち込みすぎて仕事に支障をきたしたりといったことも起こってくる。

たとえＩＱが同じ程度であっても、誘惑に負けてすぐにさぼってしまったり、頑張らねばならないときに粘れなかったりすると、目標に向けて自分の気持ちをうまくコントロールし忍耐強く取り組む子と比べて、勉強でもスポーツや音楽などの部活でも、成果を出すのは難しい。

実際、多くの心理学の研究により、非認知能力が高いほど、学業成績が良好なこと、仕事の成績が良好なこと、人間関係が良好なこと、幸福感が高いこと、人生に対する満足度が高いこと、身体的健康度が高いこと、抑うつ傾向が低いこと、孤独を感じにくいことなどが報告されている。

幼児期に自己コントロール力が高いほど、成人後の学歴や年収が高い

非認知能力の中核をなすのは自己コントロール力である。自分の情動を適切にコントロールすることは、勉強や仕事に取り組む際にも、人間関係上でも、必要不可欠と言ってよいだろう。

自己コントロールに関する研究の原点とみなすことができるのが、ミシェルたちの満足遅延課題を用いた実験である。

その実験は、マシュマロ・テストとも呼ばれ、子どもにマシュマロを見せて、今すぐ食べるなら1個あげるが、研究者がいったん席を外して戻るまで待てたら2個あげると告げ、待てるか、待たずに食べるかを試すものだ。これは、大きな目標のために欲求充足を先延ばしできるかどうかをみるための実験と言える。

ミシェルたちは、保育園児550人以上にマシュマロ・テストを実施し、その子たちが青年期や成人期、中年期になったときにも追跡調査を行っている。

その結果、幼児期により大きな満足のために欲求充足を延期することができた者は、10年後の青年期には、欲求不満に陥るような状況でも強い自制心を示し、誘惑に負けることが少なく、集中すべき場面では気が散らずに集中でき、ストレスにさらされても取り乱さずに建設的な行動を取りやすいことがわかった。

さらに、20代後半になったときも、幼児期により大きな満足のために欲求充足を延期することができた者は、長期的目標を達成するのが得意で、危険な薬物は使わず、高学歴を手に入れ、肥満指数が低く、対人関係もうまくやっていくことができるというように、自己コントロールがきちんとできていることが確認された。

その後の追跡調査をみると、40年後の中年期になっても、幼児期により大きな満足のために欲求充足を延期することができた者は、相変わらず高い自己コントロール力を維持していた。

このように、4～5歳の幼児期に欲求充足を先延ばしできるか、つまり衝動に負けずに我慢できるかどうかで、10年後や20年後、さらには40年後の自己コントロール力を予測でき、それによって学業・仕事や人間関係を含めた社会での成功を予測できることが示されたのである。

この種の多くの研究によって、子どもの頃の自己コントロール力が高い者ほど、その後学業面、経済面、人間関係面、健康面などで成功していることが示されている。

つまり、子ども時代に自己コントロール力が身につくかどうかで、将来社会に出てうまくやっていけるかどうかが予測できるというわけである。

心の状態をモニターし、学習に適した状態にもっていく

この第4章で取り上げるメタ認知の効用は、第3章のように学力や成績に直接関係する学習姿勢や学習法に関するものではなく、もっと間接的に学力や成績に影響する心の状態に関するものである。

このような勉強をする必要がある、このような学習法を実践すると効果的であるというようなメタ認知的知識があったとしても、だれもがそれを直ちに実行に移せるわけではない。

学習計画を立てても、テレビを見たいという気持ちに負けてさぼったり、友だちから誘われると即座に誘いに乗ってさぼったりしていては、なかなか思うような成果を出すことはできない。成果を出すには、完璧に計画通りにはいかないにしても、衝動に負けずに計画を遂行していく必要がある。

一応机に向かうにしても、早く終わりにしてゲームをしたいとか、急いで終えて遊びに行きたいといった気持ちでいっぱいで、心ここにあらずといった感じで形だけ教科書を読んだりしても、まったく身にならない。やるときはたとえ短時間でも集中することが大切であ

る。

ここで頑張らなければと思っても、どうしてもやる気になれないということもある。能力は急に変わることがないが、やる気は突然変わる。やる気を燃やせるかどうかで、学習への取り組み姿勢は大きく違ってくる。

そこで求められるのは、まさに非認知能力とされる忍耐力、集中力、衝動コントロール力、動機づけ（やる気を燃やす力）など、自分の心の状態をコントロールする力である。なかでも学習活動に強く影響するのが、やる気を燃やす力、いわゆるモチベーションである。

やる気を低下させる要因、やる気を高める方法を知っておく

学習活動を有効に進めるにはモチベーションを高く保つ必要がある。そこで問われるのがモチベーションを高める方法を知っているかどうかである。自分の心の中にやる気の炎を燃やすコツを心得ているかどうか。これもメタ認知的知識の一種と言える。

もちろん、勉強に対するモチベーションには大きな個人差があり、元々やる気満々の子も

いれば、まったくやる気の感じられない子もいる。

しかし、ここぞというときにいつもの自分の水準よりモチベーションを高めることができるかどうかが重要となる。成績の良い子は、いざというときにモチベーションを高めることができる。

さらに言えば、日頃からモチベーションを高く維持しながら勉強に取り組むことができるかどうかによっても、学力は大きく左右される。だらだらするよりもやる気をもって取り組む方が有効な学習になるのは当然である。

そこで、モチベーションを高める方法について知っておき、それを踏まえた対応をすることが望まれる。そのためのヒントとして、モチベーションを左右する主な要因をいくつか紹介することにしたい。

①自己責任性の認知をもつように導く

自分が何をすべきか、どのようにすべきか。それを自分自身で決めていると感じている子と、人からやらされていると感じている子では、前者の方がモチベーションは高まりやすい。自分の行動は人からコントロールされているのだと思えば、上げようと思ってもなかなかモチベーションは上がらない。

大人だってそうだろう。職場で上司から、「よけいなことを考えずに、言われた通りにやってればいいんだ」などと言われたら、とてもやる気になれないはずだ。

そこで大切なのは、すべてを大人が管理しようとするのでなく、子ども自身に任せる余地を残すことである。

たとえば、やるべきことや、それを達成するための望ましい方法についてのアドバイスをするにしても、実際に何をどうしているかについてはあまり口出しせず、本人に任せることによって、本人は自己責任を自覚することになる。

いわばメタ認知的モニタリングの習慣を身につけさせるのである。自分の学習の進み具合はどうなっているか、今の学習方法をこのまま続けていってよいかを本人に判断させる。

遅れているからもっと急がなくてはと思えば、より集中して進度を速めるとか、やるべきことを減らすとか、何らかの対応が必要となる。それを自分で判断し対処するのは、メタ認知的活動ということになる。

言われて動くだけならメタ認知的モニタリングもメタ認知的活動も身につかないが、任されることでそうした力がついてくる。

それによって自己責任性の認知をもつようになる。できるのもできないのも自分の責任だという認知である。

自分が出した結果を自分のせいにすることを自己責任性という。何かで成功したときや失敗したとき、それを自分のせいにするか、自分以外の要因のせいにするかということである。

たとえば、思うような成績を取れなかったとき、自分の頑張りが足りなかったと考える子は、自己責任性の高い子と言える。テストのときに予想外の問題が出たからできなかっただけだとか、先生から嫌われているからだとか、自分以外の要因のせいにする子は、自己責任性の低い子ということになる。

そのような自己責任性と学業成績の関係を検討した研究により、自己責任性の高い子ほど成績が良いことがわかっている。つまり、結果を自分のせいにする子ほど成績が良いといった傾向がみられるのである。

オーバーアチーバーの子とアンダーアチーバーの子を比較した研究もある。オーバーアチーバーとは、知能水準から推測される以上の実力を発揮している子のことである。反対に、アンダーアチーバーというのは、知能からするともっとできていいのに十分に実力を発揮できていない子のことである。

それによると、オーバーアチーバーは結果を自分自身のせいにする傾向があり、アンダーアチーバーは結果を自分以外の要因のせいにする傾向があった。結果を自分のせいにする子の方が実力を十分に発揮していることがわかったのである。

このように、自分のせいにすることが頑張る力につながり、ひいては潜在能力を引き出すことにつながっていると考えられる。自己責任性を促進する声がけについては、つぎの項と共通なので、そちらで併せて解説することにしたい。

②結果が悪かったときの原因帰属のコツ

何かで成功したときや失敗したとき、その原因を何に求めるかには、人によって癖がある。つまり、原因帰属の仕方には癖がある。

たとえば、テストで良い成績が取れたときに「僕は頭が良いんだな」と自分の能力のせいにする子は、サッカーでゴールできると「サッカーは僕に向いてるんだな」と自分の適性のせいにしたり、先生からほめられると「僕が頑張ったからだな」と自分の頑張りのせいにしたりと、何かにつけて自分自身の内的要因に原因を求める習性を身につけているものである。これを内的統制型と言う。これは自己責任性と重なる概念である。

それに対して、試験で良い成績が取れたときに「たまたま山が当たったんだ」と偶然のせいにする子は、サッカーでゴールできると「運良くボールが転がってきたなあ」と幸運のせいにしたり、先生からほめられると「何だか機嫌がいいみたい」と相手の気分のせいにしたりと、何かにつけて自分以外の外的要因に原因を求める習性を身につけているものである。これを外的統制型と言う。

一般に、外的統制型よりも内的統制型の方が、勉強でもスポーツでも仕事でも成績が良いことがわかっている。成功や失敗の原因を自分自身の内的要因のせいにする方が、うまくいったときには自信になり、モチベーションが上がるだろうし、うまくいかなかったときにはどこがいけなかったかと振り返り、よりいっそう工夫をするようになると考えれば、これは当然のことと言える。

ただし、内的統制型なら何でもよいというわけではない。同じく内的統制型でも、失敗するとモチベーションが下がりパフォーマンスも下がってしまう挫折に弱いタイプと、失敗してもモチベーションが下がらずパフォーマンスも下がらない挫折に強いタイプがある。

その心理メカニズムの違いを解明したのが、心理学者のワイナーである。ワイナーは、自分自身の内的要因を、安定的な要因と変動的な要因に分け、安定的な要因として能力、変動的な要因として努力をあげた。

そして、成功したときはどちらの要因にしてもよいのだが、失敗したときに努力不足という変動的な要因のせいにする者はモチベーションを高く維持できるのに対して、能力不足という安定的な要因のせいにする者はモチベーションを下げてしまうとした。

なぜなら、失敗したときに、「自分は能力がないんだ」と自分自身の内的かつ安定的な要因のせいにしてしまうと、能力というのは急に改善できるものではないため、そう簡単にうまくいくわけがないと悲観的にならざるを得ないからだ。

一方、失敗したときに、「自分の努力が足りなかったんだ」と自分自身の内的かつ変動的な要因のせいにした場合は、今回努力が足りなかった分、つぎは思い切り努力してみることも十分可能なため、何とかなるかもしれないと思えるからだ。

　実際、失敗を能力不足のせいにする子はモチベーションが低く成績も悪く、失敗を努力不足のせいにする子はモチベーションが高く成績も良いことがわかっている。

　私は、内的統制の安定的要因として、能力の他に適性も含めている。たとえば、なかなかうまくいかないときや失敗したときに、「この仕事は自分に向いてないんだ」などと適性のなさのせいにすれば、モチベーションが下がってしまうだろう。

　さらに私は、内的統制の変動的要因として、努力の他にスキルやコンディションも含めている。なかなかうまくいかないときや失敗したときに、「まだまだスキルが足りないんだ」「今回は疲れてて集中力が足りなかった」などとスキルやコンディションのせいにすれば、モチベーションを低下させずにすむ。

　挫折に弱い子の原因帰属の癖を変えさせる教育的働きかけによって、どんなときもモチベーションを維持できる挫折に強い子に変身させる治療教育が有効であることも、心理学の実験で証明されている。

その治療教育実験では、失敗したときに、もうちょっとでうまくいったと努力不足を意識させるような言葉がけをしている。それによって、失敗しても、「自分はダメだ、能力がないんだ」と思ってモチベーションを下げる癖が抜け、「頑張ればうまくいくかもしれない」とモチベーションを維持できる心をもつことができるようになったのである。

これをヒントにすれば、なかなか思うように成果が出せないときなど、「自分はダメだ」「勉強は自分に向いてないんだ」などと能力不足や適性のなさのせいにしてしまわないように、「もうひと踏ん張りだったね」「もうちょっと問題練習しておけば何とかなるんじゃないかな」「もっと集中力をもって取り組めばよかったね」などと変動的な要因をほのめかし、改善の余地があることを意識させるような声がけをすることが大事だろう。

③業績目標より学習目標を意識する

モチベーションを左右する要因のひとつに目標のもち方がある。普段あまり意識することはないかもしれないが、人によって目標のもち方に違いがみられる。そして、モチベーションがとくに高い人には、目標のもち方にある特徴がみられるのだ。

まずはじめに、目標のもち方が人によってどのように異なるのかをみておきたい。

たとえば、江戸時代から明治時代への移行期の歴史について学ぶ際に、「日本の江戸時代から明治時代への移行期の歴史についてもっと深く理解したい」という目標をもつ場合と、「日本史の試験で良い成績を取りたい」という目標をもつ場合では、学ぶことに対する姿勢がずいぶん違う感じがするのではないだろうか。

これは大人にもあてはまることだ。たとえば、営業部門の人が、「商品知識や営業スキルを勉強して営業能力を高めたい」という目標をもつ場合と、「どんどん商品を売って営業成績を上げたい」という目標をもつ場合とでは、同じく仕事を頑張るといっても、その頑張りの方向がずいぶん違うのではないだろうか。

いずれのケースも、両者の目標のもち方の違いは、結果を重視するか、それとも自分の熟達を重視するかの違いだと言ってよいだろう。

そこで参考になるのは、心理学者ドゥウェックの達成目標理論である。ドゥウェックは、達成目標、つまり達成すべき目標には、学習目標と業績目標の2種類があると言う。

学習目標とは、何か新しいことを理解したり習得したりできるように自分の能力を高めようという目標のことである。一方、業績目標とは、自分の能力を肯定的に評価されたい、あるいは否定的な評価を免れたいという目標のことである。

いわば、学習目標をもつタイプは自分の能力向上や成長を求め、業績目標をもつタイプは自分の能力の評価や結果にこだわる。

たとえば、同じく数学の勉強をするにも、学習目標をもつタイプは、数学の理論についてきちんと理解したいという思いが強く、新しい公式を習う場合、どうしてそうなるのかを理解しようとし、よくわからないまま覚えたり、使ったりすることには抵抗がある。また、もっとわかりたい、できるようになりたいという成長欲求が強いため、テストに出るかどうかには関係なく、応用問題や難問にもチャレンジしようとする。結果よりも成長にこだわるため、できそうにない難しい課題に挑戦することも厭わない。

それに対して、業績目標をもつタイプは、良い成績を取りたいという思いが強いため、新しい公式を習う場合、どうしてそうなるのかがわからなくても、公式をそのまま覚え、例題や練習問題で手っ取り早く使えるようにしようとする。良い成績を取るのが目標なので、基本事項しかテストに出ないとわかれば、応用問題や難問にあえてチャレンジしようとは思わない。無駄な努力はしたくないということで、成績につながらない勉強はしない。また、結果にこだわるため、「できなかったら格好悪い」「みっともない姿をさらすわけにはいかない」と守りの姿勢に入り、何かと消極的になりがちである。

このように学習目標をもつか業績目標をもつかによって、モチベーションが大きく左右されることが明らかになっている。

ドゥウェックによれば、どちらの目標をもつかは、本人が無意識のうちに抱いている知能観によって決まってくるという。

つまり、知能は固定的なものだとみなしている場合は、自分の能力を肯定的に評価されたいという業績目標をもちやすく、知能は鍛えることで向上するものだとみなしている場合は、自分の能力をもっと向上させたいという学習目標をもちやすいというのである。

いずれにしても、学習目標をもつ方が伸びる可能性が高いと言ってよいだろう。

こうしてみると、業績目標でなく学習目標をもつように促すことが大切だということになる。失敗したときや思うように成績が伸びない厳しい状況に置かれたときも、周囲からの評価を気にする業績目標をもつタイプと違って、学習目標をもつタイプは、もっとわかりたいという思いが強く、意欲をもって粘り続けることができるからだ。

学習目標をもつように促すには、結果よりも熟達を意識させるように働きかけることが大切となる。結果にばかりこだわっていると、自然に業績目標を意識するようになっていく。

④公言して自意識を味方にする

私たちは強い自意識をもつ動物である。とくに日本人は、人からどう見られるかを非常に気にする。人の目を気にする性質は、対人不安など、私たちの人間関係や自己のあり方にあらわれている。

私は、個として他者から切り離され、「人がどうであれ、自分の思うようにすべきである」「他者から影響を受けるのは未熟である」といった感じの欧米人の自己のあり方と、「協調性や思いやりをもって、周囲に溶け込むことが大切である」「他者を配慮できないのは未熟である」といった感じの日本人の自己のあり方を対比的にとらえている。

そして、前者の文化を「自己中心の文化」、後者の文化を「間柄の文化」と特徴づけている。

身近な人たちとの間柄を生きている私たち日本人は、相手の期待を裏切りたくないという思いを強くもっている。そうした思いをモチベーションにつなげることができる。

その手法として使えるのが、目標を公言することである。「今週中にこの章の予習をする」「今月中にこの問題集を終えてしまおうと思う」「習ったところを今度のテストまでに完璧にマスターするつもりだ」というように、目標を身近な相手に公言する。そうすると、怠け心が出そうになっても、人から見られる自分を意識し、さぼりにくくなる。「あんなことを言ったのに、やらなかったらみっともない」といった思いがモチベーションを高める。

友だちとの間でどのようなことがあるかは関知し得ないが、子どもが小さいうちなら、親子の間で目標を公言するように導く対話をしてみるのも効果的だろう。

集中力を失わないように環境を整える

勉強でも、スポーツでも、音楽でも、何をするにも、成果を出していくには、いざというときに集中力を発揮することが大事になる。

それは、勉強で言えば、テスト中もそうだが、テストのための準備勉強や日頃の宿題をしているときにもあてはまる。効果的な学習を進めていくためには、気が散らないように集中する必要がある。

集中力というのも非認知能力の一種だが、これがあるかどうかに成果は大きく左右される。集中力を高めるには、何かに思い切り没頭する経験を重ねることが大切となる。

文章を読むことに没頭したことのある子は、そうでない子よりも読解力のテストの成績が良いというデータもあるが、学力の基礎としての読解力を高めるだけでなく、集中力を高めるためにも、小さい頃に絵本や児童書に親しむのは大事なことと言える。そのためのきっかけづくりの工夫も必要だろう。

スマホの弊害については、拙著『読書をする子は○○がすごい』（日経プレミアシリーズ）で詳しく解説したので、ここで繰り返すことはしないが、スマホ使用が集中力を失わせるだけでなく、たとえ使わなくてもスマホが目につくところにあるだけでも気が散りやすくなることが実験で証明されている。

このようにスマホが集中力を阻害するのは明らかなので、子どもが小さい頃からスマホを遠ざける配慮が必要だろう。モデリング効果の観点からも、親がスマホをいじる姿を極力見せないようにすべきだろう。モデリングというのは、だれかの行動を観察することでその行動を真似るようになることである。子どもにとって主なモデルとなるのが親である。

精神科医のハンセンの『スマホ脳』（新潮新書）によれば、マイクロソフト創業者のビル・ゲイツは自分の子どもに関しては14歳になるまでスマホはもたせず、アップルの創業者スティーブ・ジョブズもｉｐａｄを自分の子どものそばに置くことすらしていなかったという。

家族の会話が少ないのが問題とされがちな今日、茶の間で勉強する習慣をつけさせることで家族の会話を促そうとする家もあるようだが、その場合は、テレビを消すとか音量を絞るとか、勉強が一段落するまでは家族も静かに何かを読んだりするなどの配慮が求められる。

テレビの音声や家族の話し声など、意味のある音が聞こえていると、無意識のうちに注意力の一部がそちらに向いてしまい、頭の中で情報処理をするのに費やすワーキングメモリを集中的に勉強に振り向けることができなくなってしまう。

考え事をして上の空になっても学習活動が阻害される。本を読んでいるつもりでも、ふと気がつくと上の空で字面だけ目で追っていた、というようなことは大人でもありがちなことだ。

そうしたことを少しでも防ぐべく、空想に耽ったり思い出に浸ったりするきっかけとなりそうなものを机の周りから片づけさせるというような工夫も必要だろう。

社会的促進効果を利用する

家で勉強に集中できないという子は少なくないだろう。前項で、集中力を高めるための工夫について解説したが、どうしても家では勉強に集中できないという場合は、図書館で勉強するという手もある。

これは、心理学で言う社会的促進効果を狙ったものでもある。社会的促進というのは、傍らで同じ作業をしている他者がいる方がひとりで作業するよりも能率が上がるなど、他者の存在が作業の促進や成績の向上につながることを指す。

社会的促進は人間以外の生物にもみられ、生物に共通にみられる現象と言ってもよい。たとえば、離乳したばかりのラットを用い、1日おきに単独で食べさせたり、仲間と一緒に食べさせたりした実験では、単独でいるときより仲間と一緒にいるときの方が一貫してよく食べていた。アリの巣づくりの観察実験でも、単独で巣づくりするときより仲間とペアになって巣づくりするときの方が、明らかに掘り出された土の量（一匹あたりの）が多いことが確認されている。

こうした事実を考慮すると、友だちと一緒に図書館に行って勉強するなど、社会的促進効果を狙った学習環境を設定するのもよいだろう。

私自身も、受験勉強をしていた高校3年生の頃は、日曜日に友だちと学校の教室で勉強したり、学校帰りに友だちと近くの図書館で勉強したりしたものである。家でひとりで机に向かうことの方が圧倒的に多かったが、疲れているときには友だちと一緒の方が気分転換もしながら集中できる。

ただし、その場合は、勉強に対するモチベーションの高い友だち同士でないと、かえって気が緩み、一緒にさぼってしまうことにもなりかねない。適切な友だちが見あたらないときは、ひとりで図書館に行くのもよいだろう。

図書館の場合は、友だちと一緒という意味での社会的促進効果だけでなく、知らない人たちとの間での社会的促進効果も働く。図書館に行けば、周りの席の人たちが勉強に集中している。そんな中に交じると、自然と集中力が高まるものである。

ゆえに、ひとりで図書館に行っても社会的促進効果を十分利用することができる。

このようなことも、メタ認知的知識のひとつとして教えておくのがよいだろう。

自己効力感でモチベーションを維持できる

ちゃんと復習しないと習ったことをすぐ忘れてしまうとわかっていても、自主的に復習するのは難しいものだ。試験前は教科書やノートで習った範囲を勉強し直さないと良い点数は取れないとわかっていても、どうしてもやる気になれないという子も珍しくないだろう。

このように、こうすればうまくいくとわかっても、なかなか実行できないことが意外に多いものである。

それは大人だって同じだ。たとえば、お腹が出てきて、コレステロール値も高く、ダイエットしなければいけなくなったとする。そのためには、甘い物は極力控え、適度な運動を毎日欠かさないことが大事だとわかっていても、「今日くらい、いいだろう」と甘い物に手が出たり、つい運動をさぼったりしてしまう。

このように、「こうすればうまくいく」と思っていながら、実際に動き出さない人が周囲に結構いるのではないか。

こうすればうまくいくとわかっていることと、それを着実に実行することの間には、大きな距離がある。そこをつなぐのが自己効力感である。

自己効力感とは、何らかの目標を達成するために必要な行動を取ることができるという自信のことである。

子どもの場合、予習復習をきちんとしていればうまくいくとわかっていても、「今日は疲れてるから、また明日頑張ろう」「今日は○○ちゃんに誘われたから、明日からまた頑張ればいいや」「今日は見たいテレビが続くから、ちょっとさぼっちゃおう」というようなことがしょっちゅうあって、そのうちまったくやらなくなったりする。

その結果、「僕は意志が弱いからダメなんだ」といった自己認知ができてしまうと、これではいけないと思いながらも、いつまでたっても改善されない。そこを立て直すには、「自分はやればできる」という自己効力感を身につけることが必要となる。

自己効力感がモチベーションを高めることは、多くの研究によって明らかになっている。

たとえば、禁煙行動に対する自己効力感が高い人ほど禁煙に成功しているなど、健康習慣の形成や薬物などの依存からの脱却に関しても、自己効力感が成功の鍵を握ることが示されている。

「自分は禁煙ができる」という自己効力感があれば、困難を伴うものであっても禁煙行動を取ろうとするモチベーションが高まり、禁煙行動を忍耐強く続けていくことができるのだ。

スポーツ競技の成績に関しても、過去の実績よりも自己効力感の方が、その後の成績の予測変数として強力であることが示されている。

過去の実績のある人物が好成績を残すのは容易に想像できることだが、それ以上に「自分は速く走れるはず」「自分は遠くまで投げられるはず」といった自己効力感の方が成績に強く影響することがわかっている。自分はできるはずという自己効力感が練習に対するモチベーションを高め、それが成果につながるということだろう。

このように自己効力感は、どんな領域の行動であるかにかかわらず、モチベーションを刺激し、パフォーマンスを向上させる力をもつ。

心理学者のダンロスキーは、学業に関する自己効力感を取り上げた研究において、大学入学前の自己効力感が高いほど、大学１年目の学業成績の水準が高いことを確認している。そして、自己効力感の高い学生は効率よく学習を自己調整する可能性が高く、また高い目標を設定し、優れた成績を収めるように勉強法を調整し続けるだろうし、勉強時間も多く確保するだろうと言う。

実際、数多くの研究が、こうした自己効力感と自己調整の結びつきを明らかにしている。

では、自己効力感が高いか低いかは、どのように見分けるのだろうか。

学業に関する自己効力感は、「良い成績を取るための勉強法を知っている」「勉強は得意な方だ」「授業中、きちんとノートを取ることができる」「宿題はちゃんとやるようにしている」などといった自信をもっているかどうかで見分ける。

では、どうしたら自己効力感を高めることができるのか。心理学者のバンデューラは、自己効力感を高めるための方法を４つあげているが、ここではそのうちのモデリングと人からの説得の２つを取り上げることにしたい。

モデリングというのは、だれかの行動を観察して真似ることだが、この場合は、だれかがうまくいくのを観察することで、自分も同じようにできそうな気になることを指す。たとえば、身近な人物が忍耐強く努力するのを見ることで、自分にもできるという思いが湧いてくる。とくに子どもは自然に親の真似をするものだが、親が何かに忍耐強く取り組む姿勢を日常的に見ていることで、自分も同じように頑張れる気がしてくる。

また、私たちは案外暗示にかかりやすいものである。「君ならできるはずだ」と言われると、何だかできるような気がしてくる。バンデューラも、ある行動を取るように勧められ、その行動を習得する能力があると言われた人は、困難にぶち当たっても、自分の能力不足についてくよくよ考えたりせずに、その行動に没頭し続けることができるという。

そこで大切なのは、親自身が頑張る姿を日常的に見せたり、自己効力感を高めるような声がけをするように心がけたりすることである。

目的をはっきり意識させればモチベーションが持続する

勉強をしなくてはというのは、多くの子どもたちが心のどこかで思っていることのはずだが、ただ漠然と思っているだけだと、どうしてもだらだらしてしまいがちだ。目的意識が弱いと、どうしても遊びたいとかさぼりたいといった誘惑に負けてしまう。

そこで大切なのは、勉強する目的を明確に意識できるように導くことだ。

モチベーションの理論からすれば、内発的動機づけで勉強するのが最も理想的だし、それなら勉強を楽しむことができる。勉強が楽しいなら、周囲からの働きかけなどなくても、子ども自ら喜んで勉強するだろう。

内発的動機づけとは、興味や楽しさといった自分の内側から込み上げてくる欲求によって動くこと、つまり遊びのように、その活動をすることそのものを目的としてやる気になることを指す。

反対に、何らかの外的報酬を得るためにある活動に励むのは、外発的動機づけによる行動ということになる。給料をもらうために働くとか、良い成績を取るために勉強するというのは、外発的動機づけによる行動となる。

内発的動機づけによって勉強するという場合は、できるようになること、わかるようになることが嬉しくて、学ぶ喜びを心から感じながら勉強できる。そのように内発的動機づけで勉強するのは、ゲーム好きの子がダメと言われてもゲームをしてしまうのと同じく、好きだからやりたくてたまらないわけで、親も先生も何の心配もいらない。だが、そのような子は非常に稀だ。

子どもは、まだ字が読めない頃には字が読めるようになることが嬉しくて、必死に字を覚えようとする。電車の駅の文字や店の看板の文字が読めるようになると、たどたどしいながらもとても嬉しそうに読もうとする。その意味では、子どもは本来内発的動機づけで勉強する姿勢をもっている。

ところが、その後、いろんな楽しい遊びを経験したり、小学校に入ると勉強が難しくなってよくわからないことがつぎつぎに出てきたりするため、やる気をなくし、義務感をもって勉強するようになる子が多くなっていく。内発的動機づけで勉強する子は、しだいに少数派になってしまう。

そこで考えなければならないのが、自己決定の感覚だ。

内発的動機づけが重要だという心理学の知見が世間に広まり、ビジネスの世界でも内発的動機づけが注目されるようになってきた。最近では、ビジネス誌でも内発的動機づけに関する記事を目にするようになったので、聞いたことがある人も少なくないはずだ。

何らかの報酬を得るために勉強や仕事を頑張るのは外発的動機づけによって動いているの

であり、勉強することや仕事すること自体に魅力を感じて頑張るのは内発的動機づけによって動いているのだとすると、たとえば入試のために頑張って勉強するとか、キャリアアップに必要な資格取得のために頑張って勉強するとか、一人前として認められたくて必死に仕事を頑張るというようなケースは、内発的動機づけによって動いているとは言えない。

子どもの勉強にあてはめれば、勉強そのものが楽しいというよりも、良い成績や受験のための手段として勉強を頑張っているのであり、外発的動機づけによって動いていることになる。

でも、良い成績を取ったらご褒美をあげると親から言われて、あるいは良い成績を取らないと親から叱られるから、仕方なく勉強しているというようなケースと比べると、かなりモチベーションが高く、しかもモチベーションが持続するように思われる。

そこで着目したいのは、「やらされ感」が強いか、自発的に取り組んでいる感じが強いかという点だ。

勉強そのものを楽しむということでなく、何か別の目的のための手段として勉強しているのであっても、人から報酬や罰をちらつかされて仕方なく取り組んでいるのと、自ら選んだ目標のために取り組んでいるのとでは、モチベーションのあり方がまったく異なるはずである。

「やらされ感」というのは、自己決定の感覚と裏腹の関係にある。自己決定の感覚というのは、自律性の感覚と言い換えてもよい。やらされているのではなく、自ら選んで主体的に取り組んでいるといった感覚のことである。

たとえば、大人でも、将来のキャリアに役立ちそうな資格取得のための勉強をするとか、販売現場に出たときに困らないように商品知識を必死に頭に詰め込むとか、一刻も早く一人前と認められたいから寝る間も惜しんでスキルアップに励むとかいうのは、実際よくあることである。

そのような場合、キャリアアップや認められるための手段として学ぶわけで、内発的動機づけによる行動とは言えない。しかし、無理やりやらされているというのではなく、自己決定に基づいて行動しているという意味では、外発的動機づけによる行動とも言いにくいところがある。

しかも、手段としての学びだからといって、モチベーションが低いわけではない。むしろ、目標達成の役に立つということで、モチベーションが高かったりもする。

　では、他の目的のための手段として勉強することで、勉強が嫌いになる場合と意欲的に勉強に向かえる場合では、何が違うのか。ポイントは、他の目的のためといっても、嫌々やらされているのか、それとも自分自身が強く望んでやっているのかということである。

　そこで大切なのは、勉強そのものが楽しいというように内発的動機づけで動いているのでない場合は、勉強することでどんなメリットがあるのか、勉強しないとどんなデメリットがあるのか、ということを説明し、何のために勉強するのかを自覚できるように導くことである。

　大学生でも、普段の授業にはまったくやる気がないのに、資格を取ると就職活動に有利だと言われると、資格試験対策のための講座に出て真剣に勉強する者も珍しくない。

　何の役に立つのかわからなければやる気になれなくても、目的意識を明確にもつことでモチベーションが高まるのである。

　わからないことがわかるようになるのが楽しいという勉強好きの子であれば理想的だが、そうでない場合は、目的意識をもって勉強するように導くのがよいだろう。

結果としてうまくいかなかったときの対処法

何でもそうだが、頑張れば必ずうまくいくというわけではない。頑張って勉強したのに良い成績にならない。頑張って練習したのに試合で勝てない。頑張って練習したのにコンクールの予選を通過できない。だからといってやる気をなくしていたら、何をしても力をつけることはできない。

そこで大切なのは、達成感や爽快感、充実感、成長感などに目を向けるように導くことである。

結果にとらわれていると、試験でうまくいかなかったり、結構できたはずなのに成績が思ったほど良くなかったりすると、どうしてもモチベーションは下がってしまう。そうすると、さらに成績が低下するといった悪循環に陥っていく。

試験の準備勉強を一所懸命やった、とりあえずできることはやった、やりきったという達成感や爽快感、充実感、それによって力がついている、前はわからなかったことがわかるようになった、できなかったことができるようになったという成長感に目を向ければ、結果はどうであれ、納得でき、モチベーションを高く維持することができる。

また、これはすでに解説したことだが、感情反応でなく認知反応を心がけるようにすることも大切だ。

良い結果が出なかったとき、感情反応が優勢な子は、「あんなに頑張ったのにうまくいかなかった」と落ち込んだり、「どうせ自分はダメなんだ」と自暴自棄になったりしがちだ。それではモチベーションは下がってしまう。

そんなときも、認知反応が優勢な子は、適度に気分転換をしながら、「何がいけなかったんだろう？」「どこができなかったんだろう？」とうまくいかなかった原因をモニターし、「どうすればもっとうまくいくようになるだろう？」「どうすればもっと力をつけられるだろう？」と今後に向けての対処法を模索する。

このように、結果ばかりにとらわれずに達成感や爽快感、充実感、成長感に目を向けるように導いたり、認知反応を心がけるように導いたりすれば、失敗でモチベーションを下げることなく、失敗を糧にしてパワーアップしていける。

根気強く取り組むべく、習慣形成の効果を利用する

机に向かって勉強するには、遊びに出かけたり、好きなことをするのと違って、意志の力が必要である。勉強で思うような成果が出せない子がよく口にするのは、「意志が弱いからダメなんだ」というような台詞である。

勉強だけでなく、スポーツでも、ピアノやヴァイオリンでも、上達するためには努力を継続する必要がある。だが、よほど根気のある子でないと、なかなか思うような成果が出ないのに継続するのは難しい。どうしても安易な方に流され、つい怠け心に負けてさぼってしまう。そこを踏みとどまって努力し続けるには、強い意志の力を要する。

それは子どもに限らず、大人も同じだ。たとえば、これから毎朝早起きしてジョギングしようとか勉強しようとか決めても、三日坊主に終わることが多いものである。いざ朝になって目覚まし時計で目が覚めても、なかなか起きる気になれず、「まあ、今日はいいや」と再び寝てしまう。そこで起きるには、強靱な意志の力が必要だ。

でも、早起きが習慣になっている人は、とくに意志の力を発揮しなくても、ごく自然に早

起きができる。そして、ジョギングあるいは机に向かうのが習慣になっていれば、当たり前のように行動に移せる。それを継続するのに、とくに意志の力を必要としない。

習慣形成の意義は、まさにそこにある。習慣形成によって、意志の力なしに、ほぼ自動的に望ましい行動が取れるようになるのである。

本を読まない大学生がついに5割になったことを示すデータがあるが、本を読む習慣のない学生は、本を読むことで読解力や思考力、想像力、共感性などが身につくと知り、将来仕事で落ちこぼれないためには本を読まなくてはと思い、読み始めても、すぐに挫折してしまうことが多い。強靭な意志の持ち主でもない限り、なかなか続かない。

だが、子どもの頃から読書習慣が身についている学生は、とくに意志の力を借りなくても、何の抵抗もなく本を読むことができる。これこそが習慣形成の効果である。

宿題をしてから遊んだり好きなテレビ番組を見たりするのが習慣となっている子は、当たり前のように宿題に取り組む。毎日予習・復習をするのが習慣になっている子は、何の抵抗もなく予習・復習をする。

そこで心がけるべきは、ごく短時間でもかまわないので、机に向かう習慣をつけさせることである。欲張ると挫折しやすくなる。ごく短時間でもいいから習慣化することが大切である。

第　5　章

能力向上のための心の習慣

ここまでの章では、メタ認知が認知能力や非認知能力を向上させる威力をもち、それが学力の向上につながっていくことについて、具体的な心理メカニズムや学習法も含めて解説してきた。

学習活動において、メタ認知が非常に重要な役割を担うことはわかっていただけたと思う。メタ認知が学習活動においてどのような役割を担っているかはわかったとしても、それはどのようにしたら身につけられるのか、あるいは高められるのかが気になるという人も少なくないだろう。

メタ認知が学習活動において担う役割を解説する中で、メタ認知がどのように働くかを示したので、メタ認知をどのように意識して発揮したらよいかはわかったと思うが、ここでメタ認知能力を高める心の習慣についてまとめてみることにしたい。

自己モニタリングの習慣

メタ認知の基本は自己モニタリングである。自分の状態をモニターするのである。

人間関係で失敗しないためには、自分の言動とそれに対する相手あるいは周囲の反応をモニターすることが必要となる。それができていないと、場違いなことを言ったり、人を傷つけるような無神経なことを言ったり、ずうずうしいことを平気で言ったりして、周囲から敬遠されることになったりする。

同様に、学習活動で失敗しないためには、自分の理解度や学習計画や学習姿勢の適切さをモニターすることが必要となる。それができていないと、わからないことが積み重なり、いつの間にか授業についていけなくなっていたりする。

さらには、自分がちゃんとわかっているかどうかをモニターしながら授業を聴いたり、ちゃんと理解できているかどうかをモニターしながら宿題をやったりする習慣をつけることも大切だ。

授業中にわからないことが多いと自覚できれば、どこがわからないのか、何ができないのかをさらにモニターしたり、授業中の姿勢や宿題など家での学習姿勢に問題はないかモニターしたりすることが大切だ。

わからないことをそのままにせず、自分で調べたり、先生や友だちに確認したりして、解決できているかどうか、自分の日頃の姿勢をモニターすることも必要だろう。

教科書や参考書を読むときも、ちゃんと理解できているかどうか、頭に入っているかどうかをモニターし、よくわからないところにはしるしをつけたりしながら読み進める習慣をつけることも必要だ。

子どもの学習姿勢は友だち関係にも影響される。その意味でも、友だちを傷つけたり嫌な気持ちにさせたりする言動を取っていないかモニターすることも大切となる。

自分の行動や思いの意味を考える

自己モニタリングを強化するために、自分の行動や言葉について、なぜそうなってしまうのか、なぜそんなことを言ってしまうのかをモニターする習慣を身につけることが大切となる。

自分の日頃の様子をモニターした結果、授業に集中していない自分に気づいたら、なぜ授業に集中できないのかを考える。

そのときの自分の心理をモニターしてみると、ゲームのことが頭から離れないとか、空想に耽っていることが多いとか、わからないことが多くてつまらないとか、先生が好きじゃないからやる気になれないとか、仲の良い友だちが隣にいるからついしゃべってしまうなどといった事情がわかってくる。

宿題を忘れることが多いことに気づいたら、なぜ宿題をやらないことが多いのか、家にいるときの自分の様子をモニターしてみる。

すると、ついゲームを始めてしまい、そうするとゲームに集中しすぎて宿題をする時間がなくなってしまうとか、ＳＮＳに忙しくて気が散って宿題のことをつい忘れてしまうとか、友だちと遊んで家に帰ると疲れてしまい宿題をやる気力がないなどといった事情がわかってくる。

忘れ物が多いことに気づいたら、なぜ忘れ物が多くなってしまうのか、日頃の自分の様子をモニターしてみる。

すると、前の日に翌日の持ち物の用意をせずに朝慌てて用意しているとか、もっていく物をメモしないため思い出せないこともあるなどといった事情がわかってくる。

友だちと比べて自分はあまりやる気がないことに気づいたら、なぜやる気になれないのか、勉強に対する自分の思いをモニターしてみる。

するとどうもわからないことが多くて難しいからやる気になれないとか、面白くない勉強を何のためにやるのかわからないからやる気になれないとか、自分のためだと言われてもどういうふうに自分のためになるのかわからないからやる気になれないなどといった事情がわかってくる。

問題点の背景にある事情がわかれば、有効な対処法もみえてくる。

日記をつける習慣

ここまで読んできて、自己モニタリングというのは日記をつけることで促されるのではないかと思った人もいるのではないか。

日記をつける際には、当然ながら、その日の自分自身を振り返ることになる。楽しかったことや面白かったこと、悔しかったこと、ハラハラドキドキしたこと、悲しいことなどを思い出しながら、その出来事の顚末や自分の気持ちを記したり、自分自身の言動や周囲の反応を振り返りながら、反省したり、後悔したり、今後に向けての決意をしたり、日々の生活や世の中、自分の生き方などに関して思うことを記したりするわけで、それはまさにモニタリングに相当する。

その意味では、日記をつける習慣によって自己モニタリングが促進されるのは言うまでもない。

ただ、日記というのは、思春期・青年期に書くことが多いものである。それは、認知能力の発達によって自己意識が高まる時期で、周囲の同級生たちと自分を比べて自己嫌悪に陥ったり、進路について悩んだり、人間関係についてさまざまな葛藤を経験したりして、自分の生き方についてあれこれ思いを巡らす時期だからだろう。

認知能力の発達には個人差があるので、一概には言えないが、児童期に日記をつけるということはあまりないはずだ。自分を振り返ってあれこれ考え、それを的確に文章化するほどの認知能力が身についていないからだ。メタ認知ができるようになるのは小学校高学年くらいからだということを考えても、それ以前の段階で日記をつけるのは難しいだろう。

ただ、日記といってもその形式はさまざまである。大人の日記でも、日々の出来事を淡々と記すだけのものもあれば、出来事そのものよりも自分の思いなど内面の吐露が中心になっているものもある。後者は思春期・青年期に多い形式だが、前者であれば子どもにもできないことはない。

難易度の高い試みはなかなか続かないが、無理のないことなら習慣化することも可能である。その意味でも、日々の出来事をごく簡単に記録するようにすることで、「振り返る」ことを習慣づけることができるだろう。

失敗を糧にする心の習慣

学力向上のためには、わからないことをわかるようにすることが欠かせない。そのためには、何がわからないのかを明確につかむ必要がある。

授業中の練習問題や定期試験で間違ったところは、まさにそうした弱点補強のヒントとなる。なぜ間違ったのかを検討するとともに、間違ったところにはしるしをつけておき、できるようになったかどうか、後でまたやり直してみることも大切だ。

失敗を気にすると落ち込むし、モチベーションが下がるから、できなくても間違っても気にしないようにといったアドバイスをしばしば見かけるが、それではせっかくの実力向上のヒントを見過ごすことになる。

できなかったことや間違ったことから目を背けることでポジティブ気分を保ったとして、今は気分が良いかもしれないが、後で痛い目にあって嫌な気分に浸ることにならざるを得ないし、長い目で見れば大損をする。

現実から目を背けても、状況は好転しない。気にしなければ何も改善されない。気にするのが悪いのではなく、反応の仕方が問題なのだ。感情反応ばかりして認知反応を疎かにするのが悪いのである。

授業でみんながわかっていることがわからなかったり、テストで悪い成績を取ったりすれば、だれだって良い気持ちはしない。そんなときに大事なのは、感情の渦に呑み込まれないようにすることだ。

落ち込んだり、「もう、嫌だ」などと感情的になるのではなく、「何がわからないんだろう」「どこができていないんだろう」というように、わからないことやできないことをつかむべく冷静に反応することが大事である。

しっかりと間違いと向き合い、なぜ間違ったかを検討して弱点を補強する。そこをきちんと対処すれば力がついていき、状況の好転が望める。

そのためにも、失敗のとらえ方を前向きにしておく必要がある。つまり、失敗を後ろ向きにとらえるのではなく、今後に活かすための貴重な材料になるととらえるのだ。失敗を糧にするとらえ方と言ってもよい。

読書する習慣

読書によって学力の基礎となる言語能力が磨かれ、読解力や思考力、想像力が高まるということはよく指摘されることだし、研究データの蓄積もある。だが、読書を通して多様な生き方や考え方に触れることも、メタ認知能力を高めるのに役立つ。

自分をモニターして何らかの気づきを得る際に、自分を相対化することがきっかけを与えてくれることがある。

たとえば、前項で取り上げた「失敗を糧にする」といった発想が自分の中になかった場合も、読書を通して、失敗にめげずにそれをバネにしてやる気を燃やす物語の登場人物を知ったり、そのようにして力をつけていった偉人の伝記を読んだり、失敗を糧にする発想の大切さを説く評論を読んだりしたことがきっかけとなり、それまで失敗をネガティブにしかとらえられず、失敗と向き合うことができなかった自分から脱却するというようなことも起こってくる。

読書によって、「こんな考え方もあるんだ」「こんなふうに思えばいいんだ」「そんなふうに感じる人もいるんだ」などと、自分の中になかった視点を得ることで、自分の視野を広げることができる。

重要なところに線を引いたり囲みをつけたりしながら読む

教科書や参考書を読む際には、ただ漠然と読むのではなく、どこが重要かを考えながら読む習慣をつけることが大切である。

そのためには、重要なところに線を引いたり、重要な言葉には囲みをつけたりする習慣をつけるのがよいだろう。線を引いたりするには、重要な箇所と重要でない箇所を区別する必要がある。

大事な箇所、自分の視野を広げてくれる参考になる箇所などを意識し、ここは重要かどうかをたえずチェックしながら読むことで、読みが深まり、理解も進む。

さらには、重要な箇所に線が引いてあったり囲みがついていたりすることで、後で重要な箇所だけを重点的に読み返すことができるというメリットもある。

このように重要かどうかを意識しながら文章を読む習慣によって、学習活動が深まっていくことが期待できる。

著者が何を言いたいのかを考えながら読む

文章は多様な読み方ができる。ある文章を読んで、そこから何を読み取るかは、だれでも同じなのではなく、読む人によって異なる。人生経験が違ったり、価値観が違ったり、それを読んでいるときに求めているものが違ったりすれば、読み取る意味は違って当然である。

だが、いろんな本のさまざまなレビューを読んでいると、明らかに見当違いな読み取り方をしていると思わざるを得ないものもある。読解力が乏しいのだ。一定の読解力があれば、その著者の考えに共感するか反発するか、賛成意見を述べたくなるか反論したくなるかは別として、その著者の考えをほぼ正確に理解することができる。

そこで大切なのは、読解力を磨くことである。そのためには、それぞれの文章が何を意味していることを考えながら文章を読む習慣をつけることが必要である。

さらには、自分の読み取り方が正しいかどうかをモニターしながら読み返すのも、読解力を磨くには有効だろう。友だちと意見交換できればよいが、それは難しいかもしれないので、国語の参考書や問題集などで自分の読み取り方が正しいかどうか確認してみるのもよいだろう。

共感点や疑問点を意識しながら読む

著者が何を言いたいのかを考えながら読むというように、著者の考えを忠実にたどるだけでなく、自分の心の中の反応をモニターしながら読むことも大事である。それにより読みがますます深まっていく。

そのためには、ただ著者の意見や思いをつかもうと受け身になるのではなく、「ほんとうにそうだよね」「まったく同感」などと著者の主張や視点、感受性などに共感する箇所にしるしをつけたり、「ここは共感できないなあ」「自分はそうは思えないな」などと思う箇所にしるしをつけたり、「これはちょっと違うんじゃないかな」「それはおかしいよ」と疑問に思う箇所があればそこにしるしをつけたりしながら読み進めるのがよいだろう。

そのような読み方をすることで読みが深まっていくと同時に読解力も磨かれていく。

理解が難しい場合は具体例で考える

定義とか理論とか、抽象的な理屈だけを頭に入れようとしても、なかなか入りにくいし、無理に頭に入れても、理解が浅いため、後でよくわからなくなってしまいがちだ。

心から納得する形で消化できていないと、生きた知識になっていかない。

心からわかるには、具体的な事例で考えるのが一番だ。本書の冒頭で、大人のメタ認知の事例を並べたのも、そうした狙いがあってのことだ。

メタ認知という抽象的な概念について、いくら抽象的な定義をていねいに伝えたところで、なかなか実感をもって「わかった」ということにはなりにくいだろう。

日常生活でよく経験しがちな事例を示され、「あるある、そういうこと」「そういう人、周りにいる」と思えば、「なるほど、メタ認知って、そういうことなのか」「そういうのがメタ認知的モニタリングなのか。たしかにそれができていない人っているし、ちょっと問題だよなあ」というように、実感をもって理解することができるはずだ。

子どもの学習活動でも、「この定義は、具体的にはどのような現象をあらわしているんだろう？」「この理論は、日常のどんな具体例にあてはまるんだろう？」「この理論は、日常の具体例を使ってどんなふうに説明できるのかな？」というように考える習慣を身につければ、理解が深まり、生きた知識になっていくはずだ。

このように、学んだ知識を生きた知識や応用可能な考え方にするには、日常生活に照らし合わせて理解するように心がけることが大切だ。なかでも自分自身の経験に結びつけることができれば、心から納得がいく。

問題を解きながら自問自答する

テストでの失点をモニターすると、ちゃんと問題の意図を読み取っていれば防げたはずの、うっかりしたミスも結構見つかるものである。そうした失点を防ぐには、解答に入る前に、「この問題では何が求められているんだろうか？」と問題の意図を考える習慣をつけておきたい。

さらには、問題を解きながら自問自答する習慣をつけておくことも大切である。それによって出題意図だけでなく、解法を勘違いするミスを防ぐことができる。

実際、小学生が算数問題を解く際に、どのように解いていくかを自問自答しながら取り組ませると、ちゃんと説明できる子は、その後のテストの成績が良いなど、自分の解き方を自問自答しながらメタ認知的モニタリングを行うことで、問題解決能力が向上することが確認されている。

これに関しては、成績の良い子ほど効果があることが確認されているが、問題の解法が頭に入っていなければ、注意深く検討したところで適切な解法を用いることができないということだろう。

わかりにくいときは図解してみる

第3章でも指摘したことだが、何でも懇切ていねいに図解して教えるようになったせいで、言葉で説明されるだけでは理解できず、図解してもらわないとわからないという子が増えているように思われる。

現に大学生でも、「言葉で言われてもわからないので、図解してもらえませんか」と言う者が増えてきた。言葉の説明だけではわかりにくい複雑なことを教えるときや、それほど複雑な話でなくても読解力の乏しい子に教えるときなどは、「見ればわかる」という感じの図解を用いるのが効果的だ。でも、何でも図解に頼る風潮があるため、言葉からイメージを膨らます力が衰弱気味になっているのだろう。

そこで、図解を与えられて理解するというのでなく、自分自身が考えていることを図解してみる練習をしてみるとよい。自分の頭の中の動きをモニターしながら、それをわかりやすく図解するのだ。

自分の頭で考えることは非常に重要だが、あれこれ考えているうちに、いろんな連想が働いて、つぎつぎに思い浮かんでくることがらが複雑に絡み合って、思考の流れがつかみにくくなったりする。

そんなときは、頭の中を整理するために、思い浮かぶことを文字にしてみるのがよいが、さらにそれを図解できれば、思考の流れがつかみやすくなる。

問題文を自分の言葉で言い換える

新たなことを学ぶときは、借り物の言葉のまま理解しようとしてもなかなか理解できないし、覚えようとしてもなかなか覚えられない。

私たちは言葉でものを考えるが、借り物の言葉を使って考えようとしても無理がある。専門用語の羅列で考えるのは、習熟していない外国語で考えようとするようなものである。やはり自分の言葉でないとうまく考えられない。

ゆえに、定義や理論について学ぶときも、与えられた定義や理論をそのまま理解したり覚えたりしようとせずに、自分の言葉で言い換えて理解し、そして覚えようとすべきである。その方がスッと頭に入ってきやすい。

同様に、テストなどでは問題文を自分の言葉で言い換える習慣をつけることが大切である。

この問題はちょっと難しいなと感じるようなときこそ、自分の言葉で言い換えてみるとよい。与えられたままの問題文だと難しく感じられても、自分の言葉で言い換えてみることで理解が進み、解答の糸口がつかめることもある。

検算など見直しをする

テストなどでうっかりしたミスを防ぐために、自問自答しながら解答する習慣をつけることが大切だということはすでに述べたが、さらに大詰めで大事なのが検算などの見直しをすることである。

わからなかったわけではないのに、計算ミスをしていたり、解答欄に記入する際に写し間違えたりして、不正解になってしまうこともある。それは非常にもったいない。とくに注意力が足りない子の場合、そのようなうっかりミスが目立つものである。そうしたミスは、解答や計算プロセスを見直すことで防ぐことができる。

とくに計算問題では、必ず検算してみる習慣をつけておきたい。後で答案を返されたとき、「なぜこんな間違いをしたんだろう？」と不思議に思うことがあるものだ。なぜかおかしなことをしてしまうことがある。それは検算することで確実に防げる。

解答欄に記入する際に、「小数点以下は四捨五入するように」ということなのに、小数点以下の数値をそのまま記入してしまう、というようなうっかりミスも、見直しの習慣があれば十分防ぐことができる。

このような見直しという形のモニタリングも成績向上のためには欠かせない。学力を高めることで得点可能性を高めることも大事だが、見直しによってうっかりした失点を防ぐことで得点可能性を高められることも忘れないようにしたい。そのいずれにおいても、メタ認知が非常に重要な役割を果たすことになる。

おわりに

本書は、子どもの能力を伸ばすために大切なことを教育心理学の立場から示した「〇〇がすごい」シリーズの第3弾である。

第1弾の『伸びる子どもは〇〇がすごい』では、今教育界で注目されている非認知能力とは何かを解説し、子ども時代に非認知能力を身につけることの大切さを説いた。

多くの研究において、子どもの頃に、我慢する能力、衝動をコントロールする能力、必要に応じて感情を抑制する能力、自分を動機づける能力など、いわゆる自己コントロール力が高いほど、大人になってから健康度が高く、学歴や収入が高いことが示されている。

頑張れない若者、我慢できない若者、傷つきやすい若者が増えているのは、学校でも職場でも多くの人が感じているはずだが、それは子どもたちの生育環境を用意する大人たちの責任である。そこで、子どもの非認知能力を高めるためのヒントを示した。

第2弾の『読書をする子は○○がすごい』では、学力の二極化の背景として、ますます深刻化する読解力の問題があり、その克服のためには読書が強力な武器になることを説いた。スマホやゲームの普及もあって、子どもや若者の読書離れが進行しているが、読書や読み聞かせによって語彙力や読解力が高まることは、多くの研究によって実証されている。

学力を高めるには、非認知能力だけでなく認知能力を高める必要がある。今や単純な文章さえ読解できない中学生や高校生が少なくないことがデータで示されている。だが、読解力は認知能力の中核を占め、国語のみならず、あらゆる科目の学習の成否を大きく左右する。

子ども時代に読解力を鍛えることができるかどうか、それによって将来の学力が決まってくる。そこで、読書を武器に家庭の言語環境を整えるためのヒントを示した。

そして、今回の第3弾では、学ぶ力に焦点づけ、その重要な要素といえるメタ認知とは何か、メタ認知が学習活動をどのように促進するのか、メタ認知の欠如が学習活動をどのように阻害するのかについて解説し、子どもの頃からメタ認知能力を身につけておくことの大切さを説くことにした。そして、メタ認知能力を高めるためのヒントを示した。

メタ認知という言葉には馴染みのない人が多いと思うが、本書を読むことで、それが学力向上のカギを握ることを実感していただけたことと思う。本文の中で、日々の勉強においてメタ認知をどのように活かしたらよいかについて、具体的に解説しているので、早速それを実践し、学ぶ力を高めていただきたい。

今回も、日経ＢＰの細谷和彦さんと、教育の現状や子育て環境について語り合う中で生まれた企画である。子育てや子どもの教育に関心のある方々には、ぜひお読みいただきたい。

子どもたちの学ぶ力を高めるため、その結果としての学力向上のために、本書が役に立てば幸いである。

榎本　博明

２０２２年6月

榎本博明 えのもと・ひろあき

心理学博士。1955年東京生まれ。東京大学教育心理学科卒。東芝市場調査課勤務の後、東京都立大学大学院心理学専攻博士課程中退。川村短期大学講師、カリフォルニア大学客員研究員、大阪大学大学院助教授等を経て、現在MP人間科学研究所代表。著書に『伸びる子どもは○○がすごい』『読書をする子は○○がすごい』『ほめると子どもはダメになる』『教育現場は困ってる』『「上から目線」の構造』など多数。

日経プレミアシリーズ 479

勉強できる子は○○がすごい

二〇二二年七月八日 一刷

著者 榎本博明
発行者 國分正哉
発行 株式会社日経BP
日本経済新聞出版
発売 株式会社日経BPマーケティング
〒一〇五—八三〇八
東京都港区虎ノ門四—三—一二

装幀 ベターデイズ
組版 マーリンクレイン
印刷・製本 凸版印刷株式会社

ISBN 978-4-296-11432-0 Printed in Japan

日経プレミアシリーズ 453

安いニッポン 「価格」が示す停滞

中藤 玲

日本のディズニーランドの入園料は実は世界で最安値水準、港区の年平均所得1200万円はサンフランシスコでは「低所得」に当たる……いつしか物価も給与も「安い国」となりつつある日本。30年間の停滞から脱却する糸口はどこにあるのか。掲載と同時にSNSで爆発的な話題を呼んだ日本経済新聞記事をベースに、担当記者が取材を重ね書き下ろした、渾身の新書版。

日経プレミアシリーズ 470

いま中国人は中国をこう見る

中島 恵

近隣諸国を脅かす覇権主義、人権問題などで世界から厳しい視線を浴びる中国。そんな母国に、中国人自身はどんな思いを抱くのか。日本やアメリカへの「上から目線」、政治的不自由への不安、競争経済が生んだ格差への不満と共同富裕への喝采……。ふだん本音で取材を受けることのない彼ら、彼女らが匿名を条件に何を語ったのか。見えざる隣国の真実がわかる一冊。

日経プレミアシリーズ 467

地形で読む日本

金田章裕

立地を知れば歴史が見える。都が北へ、内陸へと移動したのはなぜか。城郭が時には山の上に、時には平地に築かれた理由。どのようにして城下町が成立し、どのように都市が水陸交通と結びついていったのか。地形図や古地図、今も残る地形を読みながら、私たちがたどってきた歴史の底流を追う。大好評の歴史地理学入門第2弾。

日経プレミアシリーズ 139

「上から目線」の構造

榎本博明

目上の人を平気で「できていない」と批判する若手社員、駅や飲食店で威張り散らす中高年から、「自分はこんなものではない」と根拠のない自信を持つ若者まで――なぜ「上から」なのか。なぜ「上から」が気になるのか。心理学的な見地から、そのメカニズムを徹底的に解剖する。

日経プレミアシリーズ 281

薄っぺらいのに自信満々な人

榎本博明

どんなときも前向き、「完璧です！」と言いきる、会社の同期や同級生といつも一緒、Ｆａｃｅｂｏｏｋで積極的に人脈形成……こんなポジティブ志向の人間ほど、実際は「力不足」と評価されやすい？　ＳＮＳの普及でますます肥大化する承認欲求と評価不安を軸に、現代人の心理構造をひもとく。

日経プレミアシリーズ 373

かかわると面倒くさい人

榎本博明

シンプルな話を曲解してこじらせる、持ち上げないとすねる、みんなと反対の意見を展開せずにはいられない、どうでもいいことにこだわり話が進まない、「私なんか」と言いつつ内心フォローされたがっている……なぜあの人は他人を疲れさせるのか？　職場からご近所、親戚関係まで、社会に蔓延する「面倒くさい人」のメカニズムを心理学的見地から徹底的に解剖する。